Twitter

101 QUESTIONS

Collection : 101 Questions
Directeur de collection : Jean-Noël Chaintreuil

Catalogage : Réseaux sociaux

Directrice éditoriale : Claire Gautier
Assistante éditoriale : Clara Nauche

Édition française 2012 : Les Éditions Diateino

ISBN : 978-2-35456-056-0

Retrouvez-nous sur :

http://www.diateino.com
http://facebook.com/diateino
http://twitter.com/Diateino

Émilie **Ogez**
Jean-Noël **Chaintreuil**
et la communauté Twitter

Twitter

101 QUESTIONS

diateino

Sommaire

TÉMOIGNAGES

Préface

Il était une fois l'haïku numérique. Derrière cette expression, qui peut paraître saugrenue, se cache une définition polysémique de ce que recouvre Twitter : un écrit codifié (la limite des 140 caractères), l'évanescence de ce qui est publié, s'inscrivant dans un flot vertical (la « timeline ») et l'inventivité qui se constitue à partir de mots, une poétique (telle que la décrit Aristote) tout à la fois imitation et création multimédia.

Cinq ans après avoir découvert et ouvert mon compte Twitter professionnel @jeanlucr (merci @xtof_fr !), je demeure fasciné par cet outil et son champ des possibles en matière de pratiques. Car c'est bien de cela dont il s'agit avec Twitter : chaque internaute-mobinaute façonne avec ce service de microblogging un mode relationnel qui lui est propre (abonnés et abonnements), une forme de l'écrit qui invite à une brièveté créative et percutante (le tweet). Au cœur de ce rendez-vous Web, un projet propre à chaque compte Twitter : professionnel, individuel, associatif, artistique... À chaque utilisateur d'imaginer son rapport à Twitter et d'y poser un intérêt.

Mon rapport au monde a quelque peu changé avec Twitter, tout comme le symbole de cet outil, cet oisillon qui gazouille. Je me souviens, il y a quelques années, que mes stagiaires en formation et étudiants du CELSA se demandaient quel hurluberlu je faisais en évoquant les retweets comme nouvel instrument de mesure d'une popularité Web... Aujourd'hui, que ce soit en formation qualifiante en community management à l'IFOCOP ou dans la grande école précédemment citée tout comme *via* mes activités de conseils, la question centrale appelle désormais à savoir comment assurer une présence efficiente sur Twitter en interaction avec les internautes.

Avec Twitter, chacun a son parcours fait de questionnements, d'échanges, de débats, de connaissances et de rencontres. En mai 2007, une étudiante de Téhéran me sollicite pour recevoir un fichier du roman fleuve *Notre-Dame de Paris* de Victor Hugo, interdit dans son pays – souvenir inoubliable. Puis je croise @julie_adore, créative et passionnée qui a pu, *via* Twitter, faire du Web son métier ; ou encore, j'échange avec des chercheurs et experts de Twitter comme @vjeanneperrier en France, @gabizago au Brésil, @misscharlie au Texas et @ladyxtel à Singapour. Car le service est résolument mondial. Aussi, je dois à l'actrice @Alyssa_Milano d'avoir un jour lu un de mes tweets et d'avoir sauvé la convention des deux lettres « RT » pour « retweet » en intervenant auprès de Jack Dorsey, l'homme qui a imaginé Twitter. Quant à Nikos Aliagas @nikosofficiel, il sait saisir la beauté du moment présent *via* ses twitpics, lui qui a la volonté journalière de gérer seul son compte, un lien direct nécessaire avec le public et des connaissances, me confie-t-il. Enfin, comment ne pas être émerveillé par la @classe_masson de CP qui tweete au quotidien pour apprendre à lire et à écrire avec leur professeur des écoles @jyaire ?

Aujourd'hui, Twitter imprègne notre vie dans notre rapport aux autres. Cet ouvrage se distingue par la pluralité des voix qui mettent en mots des aspects essentiels de l'outil Twitter : sa technicité, son vocabulaire, les stratégies à employer pour viser l'efficacité, les pratiques en entreprise et dans les médias... Un panorama exhaustif et compréhensible ; un livre avec des chapitres à « picorer » pour découvrir, comprendre, apprendre et agir... Un ensemble d'écrits rares qui donnent envie de se lancer dans l'aventure du microblogging ou de poursuivre sur le chemin sans s'y perdre.

L'avenir de Twitter se dessine dans les annexes et par des phénomènes de bord : ces images instantanées que l'on peut diffuser *via* l'application Instagram, ces séquences de tweets en direct (livetweets) qui replacent l'individu au cœur des événements médiatiques ou encore ces tendances dessinées *via* des hashtags (mots-clics). Premier média social mobile mondial, Twitter s'est affranchi aisément des frontières et son intitulé même définit un mode d'expression, symbole ultime de la réussite d'un service connecté plus que jamais en devenir.

Jean-Luc Raymond
http://twitter.com/jeanlucr
et http://twitter.com/ApprendreTwiter
Consultant en stratégies numériques
Chargé de cours CELSA
Université Paris-Sorbonne

1

Pourquoi ce livre ?

Pourquoi ce livre ?

Twitter est un média formidable, mais au départ un peu déroutant. Plus de 5 millions de personnes en France l'utilisent à titre privé ou professionnel et il devient aujourd'hui incontournable.

Sous ses aspects simples d'accès, Twitter est un outil d'informations, d'échanges, de partage et de réseautage. Sortons des *a priori*, et laissez-vous guider dans cette découverte, des usages - parfois inattendus - de Twitter.

Pourquoi avoir sollicité plusieurs auteurs ?

Pour dévoiler les multiples particularités et bénéfices de cet outil, il nous fallait plusieurs voix, plusieurs regards, plusieurs approches. Si Twitter est riche et hétéroclite, c'est grâce à la communauté qui le compose. Nos auteurs sont tous spécialistes de ce réseau social, même s'ils en ont une approche et un usage différents. Aller à leur rencontre, c'est nous, et donc vous, nourrir de cette diversité.

À qui s'adresse ce livre ?

À tous ceux qui aiment vivre avec leur époque et apprendre pour mieux comprendre ce qui se passe sur Internet.

À une maman qui veut connaître l'outil aussi bien que son enfant.

Aux étudiants qui veulent dépasser les usages de base pour en avoir une vue plus complète.

À l'entrepreneur ou à la personne publique qui se demande si sa présence sur ce réseau lui sera utile.

Aux responsables marketing qui sont curieux de la diversité des usages, des possibilités et des profils présents.

Twitter ayant pour vocation première le partage d'informations et l'échange, ce livre reposera sur les mêmes principes, c'est-à-dire une conversation entre vous et nous, pour vous aider à vous lancer sur Twitter et vous faciliter son utilisation. En espérant que cet ouvrage vous donne envie de franchir le cap et de nous retrouver sur Twitter, pour échanger et converser.

Bonne lecture et à très vite, sur Twitter !

2

Comment utiliser ce livre ?

Ce livre a été conçu pour être utilisé de différentes façons. Comme n'importe quel ouvrage, vous pouvez le lire en commençant par le premier chapitre. Le déroulé se veut logique. Il commence par une présentation de Twitter (tous les textes font référence à Twitter.com) et des concepts de base.

Il se poursuit avec une série de questions que vous vous poserez certainement, au moment de faire vos premiers pas sur Twitter (de quoi parler et comment, qui suivre, etc.) puis celles que vous vous poserez un peu plus tard, une fois que vous serez un utilisateur aguerri : quels outils utiliser pour être un tweeteur plus efficace, comment mieux gérer son e-réputation, voire même comment trouver un emploi (ou son âme sœur) grâce à Twitter...

Ce n'est pas un tutoriel à proprement parler mais plutôt un guide, un accompagnant.

La seconde partie de l'ouvrage propose de nombreux témoignages : de personnes, d'organisations, d'écoles, d'entreprises et de marques – que nous avons souhaité les plus divers possibles.

Vous y trouverez également quelques clins d'œil insolites...

Bref, tout ce qui va vous permettre de vous faire une idée plus concrète des spécificités, des usages possibles (mais non exhaustifs), de la richesse et de l'âme de Twitter.

Cet ouvrage peut également être utilisé comme une boîte à outils, en fonction de vos besoins. Grâce au découpage thématique, vous allez pouvoir trouver facilement une réponse à vos questions sans devoir parcourir son intégralité.

Et surtout, ne vous fiez pas aux apparences ! Twitter est bien plus que ce qu'il laisse paraître si on lui donne sa chance.

Enfin, tweetez et autorisez-vous quelques faux pas. Rappelez-vous que « les échecs servent de répétitions au succès » (Reed Cathy).

3

Mais Twitter, c'est quoi au juste ?

Il est difficile de donner une définition de Twitter tant les possibilités qu'il offre sont nombreuses et diverses, comme la suite de cet ouvrage va le montrer. Outil de partage de liens, outil de discussion et d'échange au même titre que MSN ou le mail, outil de gestion de ses contacts comme Facebook ou LinkedIn... Il est un peu tout cela à la fois et beaucoup plus encore.

Toutefois, traditionnellement, on le présente comme un service Web de microblogging permettant à ses utilisateurs de diffuser des messages limités à 140 caractères (par opposition au blog qui permet de créer des textes plus longs), de rediffuser et de répondre à ceux des autres utilisateurs.

Son créateur, Jack Dorsey, le présente comme un véritable réseau d'information permettant de découvrir ce qui se passe, à un moment donné (on parle de temps réel), avec les personnes et les organisations qui nous tiennent à cœur. Il ne permet pas seulement, comme on a trop souvent tendance à le croire (les préjugés sont durs à l'encontre de Twitter et nous l'évoquerons plus loin), de partager avec ses amis ses petits moments de vie, comme c'était le cas et l'ambition aux débuts de Twitter (qui s'appelait « Twittr » en référence au site de partage de photos Flickr). Assez rapidement, en effet, le slogan de Twitter est passé de « What are you doing[1] ? » à « What's happening[2] ? ».

Twitter se définit enfin à travers son appartenance à ce qu'on appelle les médias sociaux (à ne pas confondre avec les réseaux sociaux). C'est-à-dire un « ensemble de services permettant de développer des conversations et des interactions sociales sur Internet ou en situation de mobilité[3] », qu'on peut classer selon différentes catégories représentées sur ce schéma[4] :

Panorama des médias sociaux 2012

1 - Que faites-vous ?
2 - Quoi de neuf ?
3 - Source : http://mediassociaux.fr/2009/06/29/une-definition-des-medias-sociaux/
4 - Source : http://www.mediassociaux.fr/2012/02/20/panorama-des-medias-sociaux-2012/

Témoignage d'Éric Maillard :
Twitter, par un précurseur français

Lorsqu'en mars 2007 j'ai rejoint Twitter, nous étions une poignée de Français perdus dans un océan d'Anglo-Saxons, tendance marketo-geek. Nous étions tellement submergés que nous échangions exclusivement en anglais, même entre nous. Et pourtant, synthétiser la pensée en peu de mots est un exercice qui m'a immédiatement séduit.

J'ai assez vite repéré les quelques brèches qui me mettraient un peu de sel dans la promesse fondatrice piègeuse qui invite à raconter ce qu'on est en train de faire. Il fallait soit trouver des événements personnels suffisamment intéressants pour créer un thème de discussion, soit s'intégrer dans des sujets de conversation qui réunissaient le plus grand nombre.

C'est sur des sujets business et marketing internationaux que je me permettais des points de vue qui faisaient réagir. Je me souviens en particulier d'un échange sur le leadership de Steve Jobs, selon moi véritable visionnaire mais piètre manager, qui avait un peu malgré moi ouvert un long débat étendu à Apple *vs* Microsoft.

Parmi mes centres d'intérêt, il y avait quelques émissions américaines parmi lesquelles *Survivor*, le programme qui a inspiré *Koh Lanta*. C'est ainsi que chaque semaine, j'échangeais avec des Américains, pendant la diffusion du programme, sur la popularité des candidats ou le principe des épreuves, ouvrant quelques débats sur l'écart béant entre nos deux cultures. J'ai reproduit le modèle l'été suivant, en commentant en temps réel la version française de TF1 dans un exercice qui ne s'appelait pas encore le live-tweeting. C'est à ce moment-là que j'ai vu croître le nombre de mes followers français au fur et à mesure que les anglophones se détournaient de mes tweets franchouillards.

Ce n'est qu'en 2009, avec le début effectif de la massification de Twitter en France, que j'ai commencé à utiliser la fonction « pointeur d'information » de Twitter, en temps réel. Sans doute enivré par les centaines de français qui étaient supposés me suivre, j'indiquais chaque jour ce qui, selon moi, faisait l'actu. En indiquant - via un lien - un article complété de mon point de vue, le plus souvent décalé, j'assumais un complexe de supériorité, croyant que mon avis sur les révoltes en banlieue avait de l'intérêt. L'enjeu principal étant la rapidité : sur Twitter, une information d'il y a plus d'une heure n'est plus une information.

Avec le temps, au regard des réactions provoquées, j'ai dû me rendre à l'évidence : je me suis adapté à mon environnement. En multipliant les tweets d'humeur qui sont ceux qui amènent le plus d'échanges, avec une communauté de gens que je n'aurais sans doute jamais croisé sans Twitter. Nous avons des sujets d'intérêts communs : les séries et la télé donc, mais également l'actualité, les médias, le rugby, la culture et les grands événements populaires. Et dans une moindre mesure le marketing, les médias sociaux et la politique. L'ensemble constitue 90 % de mes échanges, le reste étant constitué des sujets qui jalonnent mon quotidien dans mon travail. Ces 10 % démontrent la plupart du temps une capacité beaucoup plus faible à générer de l'intérêt auprès de « ma communauté ».

C'est d'ailleurs dans le cadre de mon activité de communicant que j'ai pu mesurer à quel point je ne vois qu'une toute petite partie de Twitter, composé dans la réalité d'une agrégation de groupes de gens réunis par des affinités très loin des miennes, que je ne croiserai jamais.

Régulièrement, en cinq ans, mon usage de Twitter a évolué au fur et à mesure de sa propre intégration dans son écosystème. Je prédis y être toujours dans cinq ans, avec de nouveaux usages.

1ère PARTIE

L'UNIVERS TWITTER

Les expressions à connaître pour bien démarrer

Twitter est un véritable écosystème, voire un univers, à part entière, et à ce titre il possède son propre langage, que vous découvrirez dans les questions qui suivent.

Il nous a semblé important de bien définir ici des expressions indispensables à connaître, puis de voir des points plus détaillés, pour conclure sur une courte analyse de l'interface Twitter.

Avoir des repères est indispensable avant de se lancer.

Cette partie a aussi pour but de répondre aux principales questions que se posent les futurs utilisateurs de Twitter. Il existe de nombreux *a priori* et nous allons tenter de les lever.

4

Twitter, comment ça marche ?

Sur Twitter, on envoie des messages de 140 caractères maximum qu'on appelle tweets.

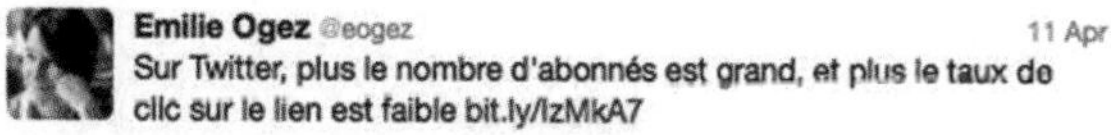

Vous avez des **followers** – ou abonnés –, c'est-à-dire des utilisateurs de Twitter qui ont choisi de vous suivre et donc de recevoir l'ensemble de vos tweets et des **following** – ou abonnements –, c'est-à-dire des utilisateurs de Twitter que vous avez décidé de suivre et dont vous recevez les tweets.

L'ensemble de vos tweets (les plus récents apparaissent en tête) sont regroupés dans ce qu'on appelle un **fil d'actualité** (aussi appelé timeline). On parle également de fil lorsqu'il s'agit des tweets de vos following.

Vous pouvez répondre à une personne (ou plusieurs). Dans ce cas, son pseudo – qu'on reconnaît à l'utilisation du symbole de l'arobase (@) – se trouve au tout début du tweet :

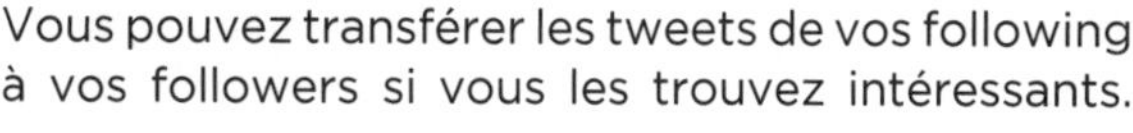

Vous pouvez transférer les tweets de vos following à vos followers si vous les trouvez intéressants.

On utilise alors le terme « **retweet** » ou « RT » (cf. question 7).

Tous les messages comprenant votre pseudo Twitter sont des **mentions**. Il peut s'agir d'une réponse, d'un retweet, etc.

Vous pouvez aussi envoyer un **message privé** (DM en anglais pour *Direct Message*) (cf. question 8) à une personne en particulier (les autres personnes qui vous suivent ne verront pas ce message).

Comme dans votre navigateur, vous pouvez gérer des **favoris**, c'est-à-dire les tweets que vous aimez (cf. question 11).

Vous pouvez également ajouter dans vos tweets un **hashtag** (cf. question 9). Il s'agit d'un mot-clé précédé d'un #.

Vous avez enfin les **listes** (cf. question 10), permettant de regrouper des personnes selon des thématiques et les **trending topics** (cf. question 12) - ou tendances - vous permettant de savoir ce qui fait du bruit (les sujets les plus discutés) sur Twitter.

5

Se familiariser avec l'interface de Twitter

Voici l'interface sur laquelle vous arrivez lorsque vous vous connectez à votre compte Twitter :

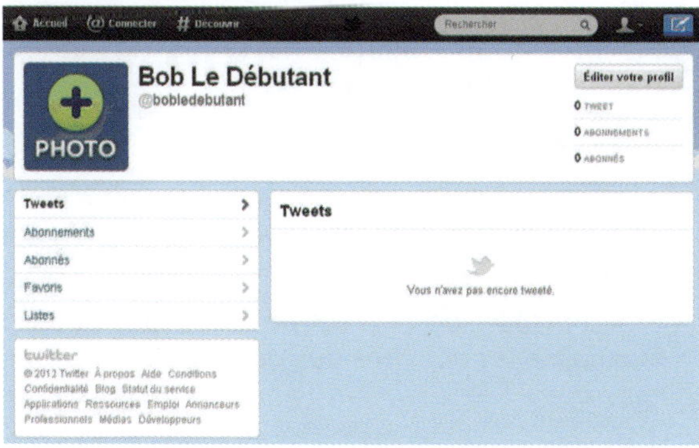

Les onglets

L'interface comprend 3 onglets différents : Accueil, @Connecter et #Découvrir.

L'onglet **Accueil** comprend 4 blocs différents :

- En haut à gauche, votre profil, comprenant votre nombre de tweets, d'abonnements, d'abonnés ainsi qu'une section pour rédiger un tweet.
- À droite, votre fil (les tweets envoyés par les comptes que vous suivez).

- Juste en dessous de votre profil, une liste de suggestions d'abonnements.

- Et en dessous des suggestions d'abonnements, les tendances, listant en temps réel les hashtags les plus utilisés dans votre zone géographique.

L'onglet **@Connecter** permet de visualiser uniquement les mentions où vous êtes cité (tweets dans lesquels vous êtes mentionné, c'est-à-dire où votre nom d'utilisateur comprenant le @ est mentionné) ou l'ensemble de vos interactions avec votre communauté (messages retweetés, tweets mis en favoris, mentions).

L'onglet **Découvrir** comprend plusieurs sections :

- Histoires : cette section propose une série de tweets, les plus diffusés et choisis selon votre localisation géographique.

- Activités : cette section vous permet de connaître les activités des personnes que vous suivez.

- Suggestions : Twitter vous suggère des personnes qui pourraient vous intéresser.

- Trouver des amis : cette section vous permet de parcourir vos carnets d'adresses de messagerie (Gmail, Yahoo, AOL, Hotmail et Messenger) afin d'y identifier des personnes inscrites à Twitter.

- Parcourir des catégories : cette section vous permet de sélectionner les sujets qui vous intéressent et de suivre les personnes dont vous voulez avoir des nouvelles.

Les autres fonctionnalités

En haut à droite, d'autres fonctionnalités sont proposées. En premier lieu, un moteur de recherche. Mais aussi un menu « Profil » vous permettant d'y accéder, de le personnaliser et de le paramétrer, de gérer vos listes et de vous déconnecter. On trouve également un bouton pour envoyer un tweet.

6

Comment appelle-t-on les utilisateurs de Twitter ?

Pour s'approprier un univers, nous avons besoin d'en parler. Pour mieux en parler, nous avons besoin de le nommer, et de le qualifier.

Tout est parti de deux mots : l'un pour désigner ce nouveau réseau « Twitter » et l'autre pour agir, écrire un « tweet ». Ce dernier mot est censé faire référence aux gazouillis émis par un oiseau.

Ainsi sur Twitter, comme des oiseaux de passage, nous gazouillons (plus ou moins mélodieusement, mais là n'est pas la question). Les adeptes de ce réseau social n'ont pas attendu pour créer des néologismes afin de désigner leurs semblables.

L'usage et la coutume

Nous nous sommes prêtés au jeu d'un sondage pour mieux connaître les préférences des utilisateurs. L'usage qui l'emporte est : twittos (au masculin) et twittas (au féminin), qui ont la même orthographe au singulier et au pluriel. On parlera aussi bien d'un twittos que de twittos.

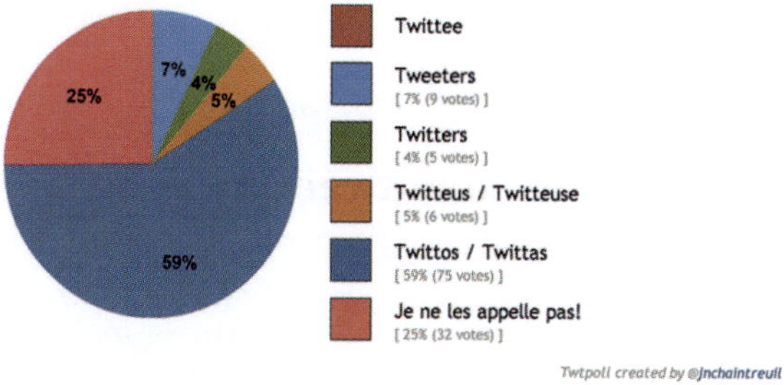

La version officielle

On peut se demander si les amoureux de la langue française ont pris position sur le sujet. La réponse est oui.

Twitter a ainsi fait son entrée en 2012 dans le célèbre dictionnaire *Le Robert illustré* - et les éditions Larousse planchent également sur le sujet. L'édition 2013 devrait, quant à elle, inscrire le nom des utilisateurs de Twitter à son actif. Le choix d'Alain Rey, conseiller éditorial pour les publications des éditions Le Robert, rejoint celui de Bernard Pivot[5] pour désigner les utilisateurs[6]. **Soit twitteur et twitteuse**.

5 - Que vous pouvez suivre sur Twitter : @bernardpivot1

6 - http://tempsreel.nouvelobs.com/topnews/20120202.AFP6453/tweet-twitto-twittasse-la-langue-francaise-y-perd-son-latin.html

7

Qu'est-ce qu'un retweet ?

Le retweet est une pratique courante sur Twitter. Mais de quoi s'agit-il exactement ? Un retweet est le tweet d'une personne, republié par un autre utilisateur qui le trouve suffisamment intéressant pour le faire découvrir à ses followers afin que ces derniers puissent profiter de l'information qu'il contient (on obtient alors un nouveau tweet). Un retweet se compose du symbole RT suivi du nom d'utilisateur de la personne dont le message est retweeté :

Un message retweeté plusieurs fois comprendra plusieurs fois l'abréviation RT.

On peut également trouver « via @nom_du_tweeteur », en fin de tweet, à la place du RT.

Comment faire un retweet ?

Commencez par lire votre fil. Si un des tweets vous intéresse et que vous désirez le retweeter, voici la marche à suivre :

Cliquez sur le tweet concerné. Plusieurs fonctions vont apparaître : Répondre, Retweeter, Favori, Ouvrir. C'est la seconde fonctionnalité qui vous intéresse.

Cliquez sur « Retweeter ». Le tweet apparaît alors dans un pop-up.

Pour bien retweeter

Pour faire un bon retweet, il y a quelques étapes à suivre :

- Prenez d'abord le temps de bien lire le tweet et de cliquer sur le lien s'il y en a un (le lien peut être erroné).
- Assurez-vous ensuite que l'article est toujours d'actualité.
- Enfin, assurez-vous que la source est fiable.

Dernier conseil, n'abusez pas trop des retweets ; ne retweetez que les tweets vraiment intéressants (vous apportez par la même occasion du crédit à la personne qui a envoyé le message) et prenez quelques instants, quand vous avez un peu de place, pour y ajouter un message personnalisé (à placer juste avant le RT). Il peut s'agir par exemple d'une information complémentaire, d'une incitation à réagir, d'une recommandation. Cela apportera une valeur ajoutée à vos followers.

8

Qu'est-ce qu'un message privé ?

Céline Camoun

Sur Twitter, vous pouvez facilement discuter avec le plus grand nombre. Mais parfois, vous préférez écrire un message à l'attention d'une seule personne :

- Parce que toutes choses ne méritent pas d'être dites en public.
- Parce que vous estimez que votre question ne concerne pas votre communauté.
- Parce que vous communiquez un ou des éléments personnels (adresse mail, numéro de téléphone).

Dans l'un de ces cas, vous pouvez rédiger un message privé. Il s'agit alors d'une forme de messagerie privée, quelques fois instantanée.

Peut-on envoyer un message privé à tout le monde ?

Malheureusement non. Vous ne pouvez envoyer une réponse qu'à quelqu'un que vous suivez, et qui vous suit en retour. Cela reste une pratique entre amis.

Comment faire un message privé ?

Connectez-vous à votre compte Twitter. Plusieurs options s'offrent alors à vous.

Première option (depuis le profil du destinataire du message, après avoir cliqué sur son nom Twitter) :

- Allez sur le profil de la personne à laquelle vous voulez envoyer un DM.
- Cliquez sur « envoyer un message privé ».
- Rédigez votre message et envoyez !

Deuxième option (depuis votre profil) :

- Allez sur votre profil.
- Cliquez sur l'icône affichant un personnage pour obtenir le menu déroulant. Sélectionnez « Messages privés ».
- Dans cette nouvelle fenêtre cliquez sur « Nouveau message ».
- Tapez le nom du destinataire précédé du symbole @. Par exemple : @WorldWildMen. Attention à bien orthographier le nom de votre destinataire.
- Rédigez votre message et envoyez !

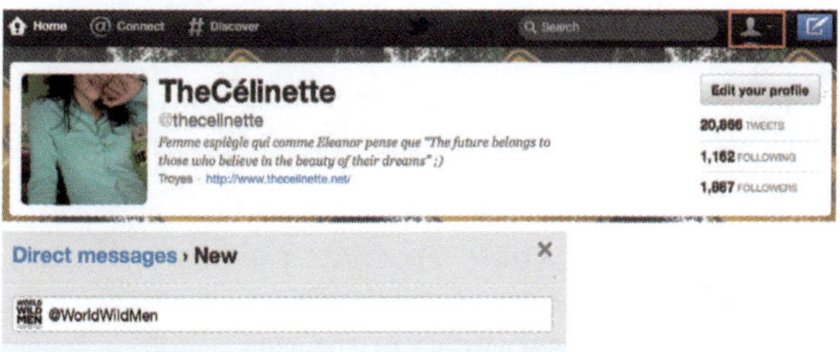

9

Qu'est-ce qu'un hashtag ?

Céline Camoun

Derrière ce mot barbare se cache un symbole trop longtemps oublié du clavier : le #. Twitter remet ce symbole sur le devant de la scène en lui donnant un rôle capital, celui d'annoncer un sujet ou un mot-clé. Un hashtag est un ainsi un mot-clé précédé d'un #.

Il est de coutume de mettre des majuscules à chaque nouveau mot pour faciliter la lecture en l'absence d'espace. Mais chacun fait comme il lui plaît ! Et bonne nouvelle, vous pouvez utiliser les caractères accentués.

Fonction initiale du hashtag

Un hashtag permet d'ajouter une information complémentaire à un tweet, qui va permettre de regrouper les messages autour d'un même thème, d'un même lieu ou encore d'un même événement.

Prenons, par exemple, le tweet suivant :

Et en cliquant sur le hashtag #RH, on obtient l'ensemble des tweets envoyés par les twitteurs, comprenant chacun ce hashtag et se rapportant au thème des ressources humaines.

Le hashtag est donc une excellente façon pour vous informer de manière plus précise sur le sujet, mais aussi pour trouver des gens à suivre ou avec lesquels interagir, en cohérence avec vos objectifs ou vos centres d'intérêts. Eux-mêmes pourront vous lire et s'informer ou interagir avec vous.

Attention, vos tweets comprenant tel ou tel hashtag ne seront lisibles par d'autres que si vous avez un compte ouvert et non privé (cf. question 20).

Utilité secondaire du hashtag

Il existe une autre utilité au hashtag, moins évidente mais bien pratique. S'exprimer à l'écrit n'est pas toujours facile pour véhiculer une humeur ou de l'humour. Or le hashtag peut vous permettre d'informer vos lecteurs de la tournure que vous voulez donner à votre tweet. Par exemple « #SecondDegré, #Bonheur ». Vous pouvez également laisser libre court à votre imagination en créant des hashtags de toute pièce.

Pour conclure

Le hashtag n'est à utiliser que si vous traitez d'un sujet particulier. Pour le reste de vos tweets, point trop n'en faut.

Et si vous voulez savoir quels sont les hashtags les plus populaires du moment, vous pouvez utiliser le service : http://hashtags.org/

10

Qu'est-ce qu'une liste ?

Réjane Locatelli

Une liste est un groupe de tweeteurs. Publiques (visibles par tous), ou privées (accessibles uniquement par le créateur d'une liste), les listes peuvent être élaborées autour d'une thématique comme le sport, la mode, les RH, ou en fonction des affinités. De nombreux twittos spécifient quand ils ont déjà rencontré certaines personnes en créant des listes « IRL » (In Real Life). Elles sont déclinables à souhait en fonction du choix de leur créateur et il faut souligner qu'il n'est pas nécessaire de suivre une personne pour l'ajouter à une liste.

Comment créer une liste ?

Une liste peut être générée de deux façons :

- Par l'utilisateur : en 3 clics, l'utilisateur peut composer une liste avec une description pour qualifier le style de celle-ci et ensuite ajouter des membres.

- Automatiquement : des sites et des outils[7] sont en mesure de générer des listes de façon autonome en fonction des critères du créateur : mots-clés, hashtags, situations géographiques, etc.

---

7 - Par exemple, Listorious – http://listorious.com/

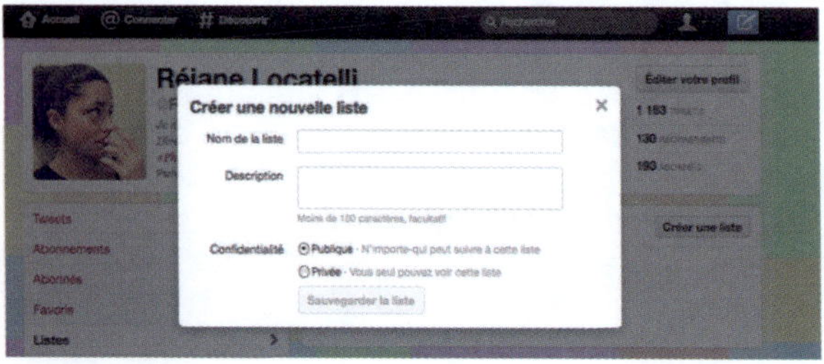

Comment sélectionner les membres d'une liste ?

Pour constituer une liste, cela peut prendre plusieurs formes. Soit depuis l'espace « listes » où l'utilisateur recherche un nom, soit directement depuis le compte de la personne en sélectionnant la liste dans laquelle l'intégrer.

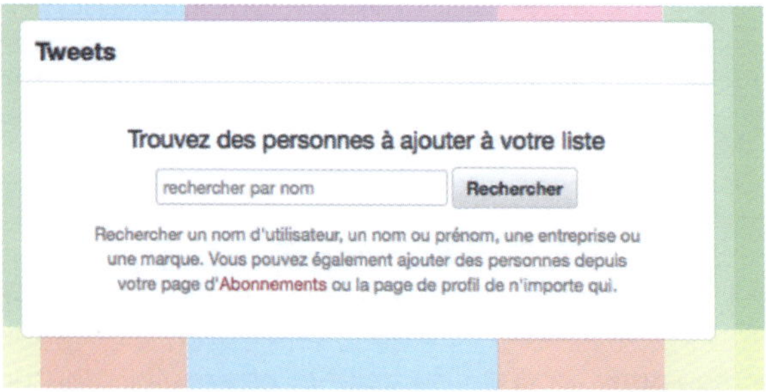

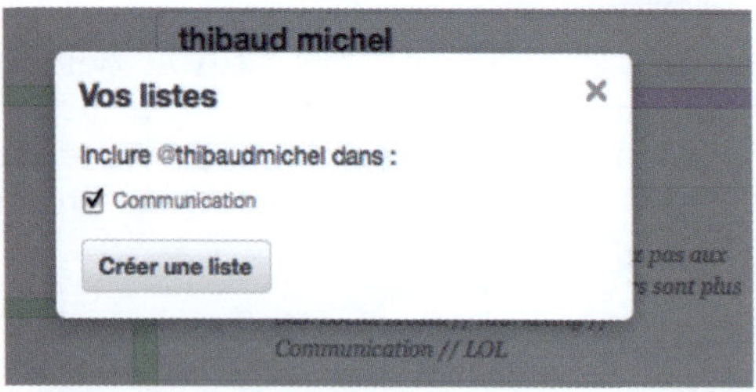

Comment s'abonner à une liste ?

Le créateur d'une liste est automatiquement abonné à sa propre liste. Il peut également s'abonner à d'autres listes, en l'occurrence celles créées par d'autres personnes. Pour cela, il doit se rendre sur le profil de la personne ayant créé la liste qui l'intéresse, cliquer sur « Listes », sélectionner la liste en question, puis sur le bouton « S'abonner ».

À quoi servent les listes ?

Les listes constituent un outil de veille très performant et personnalisable. Simples d'utilisation tant pour les créateurs que les followers, leur usage est propre à tous les profils d'utilisateur :

- Une veille sectorielle : en choisissant une thématique, il est possible de retrouver dans un seul espace tous les tweets des comptes sélectionnés en fonction de leur profil et de leurs sujets de prédilection.

- Suivre sans s'abonner : les listes peuvent permettre de continuer à lire et ainsi réagir à des tweets des membres choisis sans pour autant s'abonner à ces personnes.

- Un autre fil : comme précisé auparavant, l'avantage que représentent les listes est qu'elles peuvent être privées. De ce fait, l'utilisateur peut se constituer un second fil, dit « parallèle », auquel aucun follower ne pourra accéder. Par exemple, si le compte Twitter est dit « professionnel » et que le choix des following peut avoir une incidence sur la réputation d'une personne, la constitution d'une liste privée est une parade permettant de suivre d'autres comptes sans que quiconque ne puisse l'apprendre.

• Devenir une référence : la qualité d'une liste offre la possibilité d'établir un point d'ancrage thématisé qui générera des following à cette sélection.

• Attirer l'attention d'autres comptes : dans une logique de développement d'un compte, outre les réponses ou les following, les listes peuvent devenir un vecteur de visibilité auprès des autres utilisateurs. En effet, chaque personne peut voir, lorsque cette dernière est ajoutée à une sélection, ce qui peut donner envie de s'abonner à son créateur dans un second temps.

Ludiques et pratiques, les listes sont les alliées des utilisateurs souhaitant maîtriser tout le potentiel de flux d'informations que peut générer Twitter.

11

Qu'est-ce qu'un favori ?

Céline Camoun

Twitter est un univers passionnant de par la multitude et la variété des informations que l'on y trouve. Mais voilà, nous ne disposons pas forcément du temps nécessaire pour tout lire... et sur-le-champ.

Twitter nous propose-t-il un aide-mémoire ?

Oui, c'est ce que l'on appelle, ici comme ailleurs, un favori. Pour le reconnaître, rien de plus simple, il est symbolisé par un pictogramme en forme d'étoile.

Comment mettre un tweet en favori ?

Il vous suffit dans un premier temps de lire votre fil. Si un des tweets vous intéresse particulièrement et que vous désirez l'archiver, suivez le guide :

- Cliquez sur le tweet concerné. Plusieurs fonctions vont apparaître : Répondre, Retweeter, Favori, Ouvrir. C'est l'avant-dernière fonctionnalité qui vous intéresse.
- Cliquez sur l'étoile.

Une étoile jaune vient d'apparaître dans le coin droit de ce tweet ? Bingo, il est devenu un favori, visible par tout le monde et celui qui a rédigé le tweet en est averti.

Comment accéder à ses favoris ?

Rien de plus simple !

- Connectez-vous à Twitter. Vous allez être directement dirigé sur la page d'accueil.
- Accédez à votre profil, en cliquant sur « voir mon profil ».
- Vous allez voir une liste de menus. Cliquez sur « favorite » ou « favoris », selon la langue choisie.
- Vous allez alors pouvoir découvrir l'ensemble des tweets que vous avez mis en favoris.

Comment supprimer un tweet de ses favoris ?

Vous avez enfin du temps devant vous et vous avez lu le tweet mis en favori. Ou encore, vous vous êtes trompé en mettant en favori un lien qui ne vous intéressait pas. Comment faire pour revenir en arrière ? Rien de plus simple. Il vous suffit de cliquer de nouveau sur l'étoile précédant le mot « favorite » ou « favori » en français pour supprimer ce tweet.

12

Qu'est-ce qu'un trending topic (TT) ?

Audrey Fleury

Les trending topics — ou tendances — sont les sujets qui font l'actualité sur Twitter à un instant précis. Ils peuvent prendre la forme d'un hashtag ou d'un ensemble de mots : #Météo ou « Météo à Paris » par exemple. Ils concernent aussi bien les actualités politiques, les catastrophes naturelles que les personnalités, les émissions télévisées ou les jeux vidéo.

Les trending topics de Twitter

Twitter a développé un système qui permet de trier automatiquement parmi tous les tweets les sujets les plus discutés, tweetés sur le réseau. Néanmoins, une intervention manuelle de la part de Twitter peut être possible afin de ne pas mettre en avant des mots ou sujets sensibles.

Les tendances s'affichent sur la page d'accueil Twitter dans la rubrique « Tendances ». Elles sont au nombre de 10. Lorsque vous cliquez sur l'une d'entre elles, vous êtes redirigé vers une nouvelle page. Cette dernière est très similaire à votre page d'accueil, à cela près qu'elle n'affiche que les tweets publiés sur le sujet sélectionné. De plus, elle ne fait pas de distinction entre les personnes que vous suivez et celles que vous ne suivez pas.

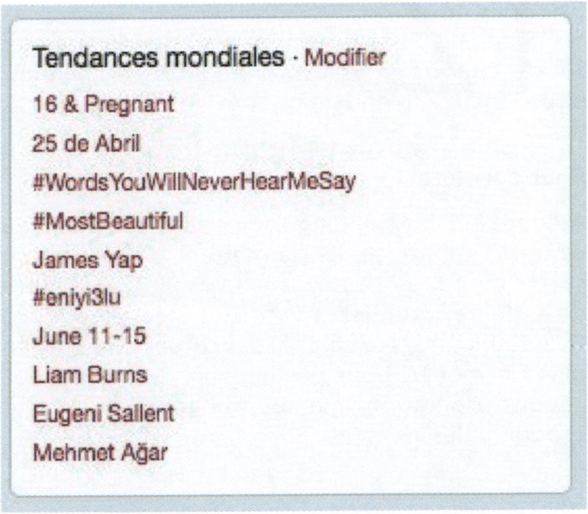

Les sujets d'actualité étant différents selon les régions, Twitter les a classés par pays. Actuellement, 34 pays possèdent leurs propres tendances. Il est également possible de les consulter pour certaines villes. En plus de ceux-là, il existe une catégorie « Monde », permettant de voir les sujets les plus discutés sur Twitter dans le monde entier. Tous peuvent être consultés où que vous soyez. Pour ce faire, il vous suffit de cliquer sur « Modifier », à droite de « Tendances », et de sélectionner le pays qui vous intéresse. Puis, si vous le souhaitez, sélectionnez la ville parmi celles proposées.

D'autres sites permettent de connaître les trending topics

Il existe également des outils externes à Twitter, vous permettant de connaître les tendances. Par exemple, http://whatthetrend.com/ affiche les dix Trending Topics Monde, ainsi que le premier TT de chaque pays. Nous pouvons également citer : http://trendsmap.com/ et http://www.trendingtopics.org/.

Pour conclure

Aujourd'hui, les trending topics sont devenus une véritable référence. Ils permettent d'une part de savoir ce qui se passe dans le monde et d'autre part de repérer les sujets qui intéressent les tweeteurs. Grâce à cela, ils constituent de plus en plus un moyen pour promouvoir des idées, des actions (opérations marketing par exemple), des produits, des films, etc.

13

Twitter, c'est compliqué ?

Alexandre Pachulski

Je vais commencer l'article par la conclusion : non, Twitter ce n'est pas compliqué ! Mais uniquement lorsque l'on a compris comment cela fonctionne.

Facebook est à Twitter ce que New York est à Los Angeles. Quand on arrive à New York, on saute dans un taxi à l'aéroport JFK, on traverse le pont de Queensboro, et là... c'est gagné. On lève la tête, on est émerveillé, on est heureux. Facebook, c'est un peu pareil, l'appropriation est immédiate.

Lorsque l'on arrive à Los Angeles, on fait face à une armada d'autoroutes, on sent bien qu'il y a beaucoup d'endroits où aller, mais on ne sait pas trop où ils se trouvent et par où commencer. On peut facilement passer à côté de tout. Dès que l'on commence à comprendre la ville et ses codes, on adore ! C'est un peu pareil avec Twitter : il faut s'accrocher un peu au début mais après, on ne peut plus s'en passer.

Au démarrage, Twitter se mérite un peu

On n'arrive pas sur une page Web en sachant déjà se servir des hashtags, des trending topics ou des mentions. On ne sait pas que l'on envoie des « #FF » le vendredi (cf. question 43) pour évoquer les personnes avec lesquelles on a eu le plaisir d'échanger dans la semaine. On ne sait pas non plus qu'il faut remercier pour les « RT » (retweet, cf. question 7), les gens qui ont fait suivre ce que l'on a publié.

Ce n'est pas tant les fonctionnalités qui sont difficiles à appréhender car en réalité, il y en a assez peu. Il est pour commencer beaucoup plus facile de paramétrer son compte Twitter que son compte Facebook, qui comporte nettement plus de fonctionnalités.

Chaque fonctionnalité n'est pas compliquée en soi : on tweete, on suit des gens (cf. question 5) qui publient des informations que l'on juge intéressantes, d'autres nous suivent pour la même raison, on s'envoie des messages, on publie des photos, on se géolocalise (cf. question 25), on fait suivre des articles que l'on trouve dignes d'intérêt, etc.

Le plus compliqué, c'est de comprendre ce que l'on doit faire de ces fonctionnalités et des us et coutumes de la communauté. Ce qu'il convient de faire ou de ne pas faire, comment remercier, comment « plussoyer » (c'est-à-dire acquiescer à ce qu'un membre dit), etc.

Le plus dur, c'est probablement de savoir comment faire pour que des gens nous suivent. Ce n'est pas une fin en soi, mais il est difficile d'animer une communauté si elle se réduit à un collègue et deux copains d'enfance.

Puis utiliser Twitter devient aussi compliqué que de regarder la télé

Quand on a compris les règles élémentaires permettant d'utiliser Twitter correctement et d'interagir avec la communauté, Twitter peut vite remplacer la télé et les journaux !

On lit notre fil d'actualité comme on regarde la télé ou lit un quotidien. Une information nous intéresse, un clic et on arrive sur la page Web qui en parle. On regarde une émission ou participe à une conférence, et avec un simple hashtag on échange avec l'ensemble des téléspectateurs ou des participants. Puisque Twitter repose intégralement sur la publication de messages courts, s'en servir c'est à peu près aussi compliqué que de tchater[8] !

Passée la première impression de communauté à l'usage d'initiés, on se surprend à se servir de Twitter comme du nouveau portail vers le Web que notre communauté se fait un plaisir d'explorer pour nous. Finalement, c'est peut-être ça Twitter, la télécommande du Web !

---

8 - Converser virtuellement via Internet.

14

Twitter, ça n'a pas d'intérêt

Grégory Pouy

Quand on parle de Twitter, on pense souvent que l'on va se retrouver sur un réseau où des personnes vont nous raconter leur vie en temps réel : « je viens de manger un plat de pâtes, regardez comme elles ont l'air bonnes ! » Il est certain que si c'était cela Twitter, personne n'en parlerait autant... mais évidemment l'intérêt (à moins que vous soyez un passionné de pâtes - et nous savons tous qu'ils existent...) est ailleurs. Si le succès de Twitter outre-Atlantique s'est largement construit sur les stars et autres people - donc dans une volonté de se sentir plus proche des célébrités -, il ne se résume pas à cela non plus.

Mais alors, comment peut-on résumer l'intérêt de Twitter en une simple phrase ? Simplement en disant que « **Twitter est vraiment à l'image de ce que vous en faites** ». Cela signifie simplement que vous allez pouvoir trouver sur Twitter tout, et je dis bien tout, ce qui vous intéresse.

Afin d'appréhender ce principe, il faut comprendre un élément important et qui façonne la manière dont le Web est structuré. Chaque personne est unique : elle a ses propres goûts et ses propres expériences ; dès lors, le Web va donc se structurer de manière verticale, c'est-à-dire de manière spécifique sur des sujets tels que « les tracteurs industriels », les « fans de la pêche à la mouche », les « experts en recherche et développement de géothermie », etc.

Bref, une multitude de sujets, tout aussi hétéroclites les uns que les autres.

Twitter repose sur ce même principe d'hétéroclisme : que vous soyez intéressé par la photo, le marketing, l'économie en Thaïlande ou tout autre sujet, vous trouverez des personnes qui partagent des informations sur ce sujet.

L'intérêt va donc se situer dans un premier temps dans le fait de trouver ces personnes puis sur la possibilité d'avoir des informations fraîches, pertinentes et différentes sur le sujet qui vous intéresse.

Puis la magie de Twitter opère.

Étant un service asynchrone et asymétrique (vous pouvez suivre une personne sans qu'elle vous suive nécessairement), vous allez pouvoir discuter, confronter vos points de vue, bref, interagir et ce quels que soient le moment et l'endroit où se trouvent ces interlocuteurs potentiels.

Concrètement, il est toujours frustrant ou compliqué dans le monde réel de trouver des personnes avec lesquelles vous pouvez partager autant sur un sujet donné car beaucoup de paramètres vont entrer en ligne de compte : la proximité géographique en premier lieu mais également des critères bien moins pertinents tels que l'âge, le sexe, l'aspect vestimentaire...

Ne faites pas comme si ces critères ne vous influençaient pas, nous fonctionnons tous de la même manière...

Sur Twitter, on se moque de ses critères pour nos interlocuteurs. Ce qui nous intéresse, c'est sa capacité à délivrer de l'information pertinente sur un sujet donné et c'est tout !

Le second usage impactant de Twitter, c'est la possibilité de pouvoir poser des questions et d'obtenir des réponses très rapidement. Bien sûr, cela ne fonctionne qu'avec une base de followers raisonnable mais c'est très engageant et vous pouvez obtenir des résultats vraiment intéressants, que ce soit pour des conseils pour vos prochaines vacances au Brésil, pour un recrutement ou un achat d'imprimante. Vous pouvez trouver cet usage de manière plus détaillé à la question 74, relative à la recommandation.

Au final, ce qu'il est important de comprendre, c'est que Twitter n'est pas réservé à un public restreint – les célébrités, les « geeks », les gens « sans aucune vie personelle, derrière leur ordinateur », etc. –, mais il est ouvert à tous et il présente un intérêt sans limite pour tous les gens qui s'intéressent à n'importe quel sujet.

Vous serez aussi vite fasciné de croiser des centaines de personnes qui partagent vos passions et vous aident encore plus à apprendre sur ces dernières.

Alors, prêts à vous y intéresser ?

15

J'ai déjà un compte Facebook. À quoi va me servir un compte Twitter ?

Éric Delcroix

Comme le canard, Facebook sait tout faire... Un canard sait nager et voler, mais mal, marcher et clopin-clopant... Pour savoir si Facebook est comme Twitter, on pourrait être affirmatif mais...

Commençons par les similarités. Qu'est-ce qui existe dans Facebook qui est « du » Twitter ? Le statut de Facebook à coup sûr, mais la limite des 140 caractères explose dans Facebook puisqu'il est possible de diffuser 63 026 caractères. On peut joindre une image à son statut dans le réseau social de Marc Zuckerberg avec un petit avantage, la possibilité de créer un album. Dernier aspect qui peut faire croire que Facebook c'est comme Twitter, le lieu (où êtes-vous ?).

Je pourrais plagier la pub du soda qui disait : « Ça ressemble à l'alcool, c'est doré comme l'alcool... mais ce n'est pas de l'alcool » par « Ça ressemble à Twitter, c'est utile comme Twitter... mais ce n'est pas Twitter ».

- **La première différence est le mode de mise en relation.** Si Twitter permet de suivre les mises à jour de n'importe qui (hormis les profils verrouillés), dans Facebook une demande suivie d'une autorisation oblige à la réciprocité.

• **La seconde est l'absence de fonction « like » dans Twitter.**

• **La troisième est la possibilité ou non de lier des informations entre elles.** Le hashtag de Twitter (par exemple #Lille) offre un moyen de lier les informations sur le même sujet et ainsi, par exemple, de suivre des événements en direct. Aucune notion de tags n'existe dans Facebook. Ceci nous conduit à la veille… Autant, il est facile de suivre un hashtag, d'utiliser le moteur de recherche dans Twitter… autant, il est quasiment impossible de mettre en place un système de veille efficace dans Facebook. Ne négligeons pas dans cet aspect veille les nombreuses possibilités de services ou d'applications tierces que l'on ajoute à Twitter mais aussi pour d'autres emplois : statistiques de visites, organisation de chats, etc.

• **La quatrième différence concerne la durée de vie d'une information et surtout le délai considéré comme acceptable pour répondre.** Quatre heures dans Facebook pour deux heures dans Twitter ! Ceci confirme que Twitter n'est pas un réseau social. Twitter est un outil du monde du Web temps réel. À l'usage, on s'aperçoit que les internautes ne diffusent pas à la même fréquence, ne parlent pas le même langage (contenus différents) et que les internautes sont pour des raisons différentes sur Facebook ou sur Twitter : effet de fidélisation sur Facebook contre partage sur Twitter. Ainsi relayer automatiquement un flux de tweets sur un profil Facebook est souvent considéré comme du spam.

16

J'ai déjà un blog. Je n'ai donc pas besoin d'un compte Twitter, si ?

Hervé Kabla

De 2007 à 2012, deux réseaux sociaux ont connu une croissance prodigieuse : Facebook et Twitter. Si l'on a tendance à glorifier Facebook à longueur de journée, on oublie souvent de rappeler que Twitter, c'est aujourd'hui plusieurs dizaines de millions d'utilisateurs, près d'un milliard de messages échangés chaque semaine, et un outil dont l'adoption n'est plus à prouver.

Dans le même temps, la blogosphère a traversé une terrible crise. Alors qu'on évaluait le nombre de blogs à plus de 120 millions au début de 2007, le nombre de vrais blogs (entendons par là des blogs régulièrement alimentés) doit représenter un dixième du total précédent. De fait, Twitter a contribué à l'effondrement du blogging : il est certes plus facile d'émettre plusieurs dizaines de tweets que de rédiger un article de fond sur un blog. On peut donc légitimement se demander si Twitter peut remplacer un blog ?

Twitter permet effectivement des formes d'engagement plus rapides qu'un blog. Le blog suppose un effort rédactionnel, alors que Twitter ne requiert qu'une capacité conversationnelle : Twitter est simplement moins élitiste. L'audience acquise sur Twitter est facilement mesurable, et diverses formes de prise de parole vous permettront de la développer avec succès. Enfin, Twitter est un excellent outil de curation[9], très apprécié de celles et ceux qui ne savent pas quoi dire, et préfèrent répéter ce que disent les autres...

Mais Twitter a ses propres travers. N'allez pas croire que Twitter est un outil simple : nombreux sont ceux qui y renoncent, faute de savoir comment s'y exprimer. De plus, la prise de parole sur Twitter n'est pas pérenne : sauf à être une star de son propre secteur (politique, culture, sport), la visibilité qu'on y acquiert dépend de la présence qu'on peut lui accorder. À l'inverse, un blog permet de développer un discours plus construit, plus élaboré. Les conversations qu'on y livre sont bien plus lisibles que des successions de tweets se répondant les uns aux autres.

Alors plutôt que d'opposer les deux, on préférera sans doute développer la complémentarité de ces outils : le blog pour l'écrit, et Twitter pour « la conversation ». Selon ses propres affinités, on pourra ainsi mettre l'accent sur l'un ou l'autre, sans en négliger aucun.

9 - La curation est la sélection et la diffusion de données sur un thème précis.

17

Twitter, ça prend du temps ?

C'est l'une des observations les plus fréquentes qui est faite quand on fait découvrir Twitter à des personnes qui n'en avaient que vaguement entendu parler. Twitter, c'est un flot permanent d'informations ! Sachez qu'en 2011, un milliard de tweets a été enregistré tous les cinq jours[10] !

Alors, oui, à première vue, Twitter est chronophage ! Surtout si on suit énormément de personnes et qu'on ne veut rien rater, si on souhaite lire l'ensemble des tweets envoyés par ses following (cela veut dire par exemple lire les articles conseillés par ses following) et y réagir (en retweetant, commentant, discutant…). Et ça l'est d'autant plus si on envoie soi-même (régulièrement) des tweets, qu'on répond aux questions qui nous sont adressées… ce qui est la démarche conseillée pour créer et développer une communauté réactive, attentive et sur laquelle on peut compter.

Mais Twitter n'est pas chronophage si on sait s'y prendre. En utilisant les bons outils, les bonnes méthodes, présentées au fil de l'eau dans cet ouvrage, on peut faire en sorte que Twitter devienne un outil facile à utiliser, pas trop envahissant et efficace. Suivre les bonnes personnes

10 - http://digimind.fr/actu/1068-les-records-de-tweets-en-2011-infographie.htm

(on mise sur le qualitatif plutôt que sur le quantitatif), définir des listes et suivre des hashtags (pour n'avoir que l'essentiel ; c'est très utile les jours où on a moins de temps et où on veut savoir ce qu'il s'est passé sur Twitter dans la journée), ne consulter son fil d'actualité que 3 ou 4 fois dans la journée (c'est un peu comme pour les mails), programmer certains tweets[11] (question 33), résilier périodiquement les following décevants sont quelques pistes possibles pour tirer profit des atouts de Twitter sans être en permanence « connecté ».

Pour conclure, c'est à chacun de définir le temps qu'il souhaite consacrer à Twitter, selon ses disponibilités et ce qu'il souhaite en faire. Enfin, ne culpabilisez pas si vous ne pouvez pas tout voir ! Une information essentielle remontera toujours à vos oreilles, par mail, dans une discussion, dans votre agrégateur de flux RSS[12].

11 - Vous le faites quand vous avez le temps et vous vous rendez visible sans pour autant être disponible.

12 - Un agrégateur de flux RSS est aussi appelé **lecteur de flux** (ou reader). Il s'agit soit d'une application Web soit d'un logiciel, soit d'un module intégré à une messagerie qui permet d'afficher sur une page Web personnalisable les nouveautés des sites/blogs sur lesquels on fait de la veille http://guides-formadoct.ueb.eu/agregateur

18

Twitter, c'est encore un truc pour rester derrière son écran et ne plus rencontrer personne ?

Twitter est un outil d'échange et de discussion et, en ce sens, il peut permettre à des personnes habitant loin les unes des autres, avec un décalage horaire important, travaillant dans des secteurs d'activité très différents, de se rencontrer et de créer des liens.

Et ces liens, à un moment donné, deviennent tellement forts qu'on est poussé vers l'autre et qu'on recherche une opportunité pour se rencontrer IRL (In Real Life) pour ne pas dire dans la vraie vie, autour d'un café par exemple, ou lors d'un Twunch (contraction de Twitter + lunch) thématique ou pas, ou à l'occasion d'un déplacement professionnel. Il n'est ainsi pas rare de voir des tweets tels que :

Emilie Ogez
@eogez

Je serai à #Toulouse le 18 novembre. Qui a le temps pour un café dans la matinée ?

Dans un autre registre, les membres d'une communauté qui s'intéressent à un sujet, par exemple les ressources humaines ou le rugby (et qui utilisent Twitter), peuvent se rencontrer dans le cadre d'un tweet apéro ! On se retrouve autour d'un verre en fin de journée et on échange, débat, discute... C'est totalement informel, comme pour les Tweetup[13] ! Il n'y a pas vraiment de règles.

Mais les rencontres peuvent aussi être totalement improvisées ! Prenons par exemple une exposition à Paris. Il arrive que des exposants, au courant de la présence des uns et des autres, organisent de manière totalement improvisée une rencontre ou bien aillent sur le stand de chacun pour faire connaissance.

Twitter permet ainsi à bon nombre d'utilisateurs de passer du virtuel au réel. Donc non, Twitter ne vous enferme pas chez vous, au bureau, devant votre écran d'ordinateur. Il vous ouvre des portes, facilite les connexions, permet de concrétiser et d'enrichir des relations de longue date !

13 - Twitter + Meet Up : événement où des personnes échangeant sur Twitter décident de se rencontrer dans le réel.

Créer et personnaliser son compte

Maintenant que vous connaissez le vocabulaire indispensable pour utiliser Twitter et que la plupart de vos objections ont été levées, passons à l'étape de création et de personnalisation de son compte.

Dans cette étape, rien de compliqué, il faut juste prendre le temps de bien faire les choses.

Voici quelques conseils.

19

Comment crée-t-on un compte ?

C'est très simple, et cela ne prend que quelques minutes. Commencez par vous rendre sur www.twitter.com et remplissez le formulaire d'inscription du blog « Nouveau sur Twitter ? »

- Un nom complet : prénom et nom s'il s'agit d'une personne ou du nom de la marque, du produit, de l'entreprise, etc.
- Une adresse e-mail : à choisir avec soin, car si elle n'est pas visible des utilisateurs, elle sera utilisée par Twitter pour vous retrouver.
- Un mot de passe.

Après avoir cliqué sur « S'inscrire à Twitter », vous êtes transporté sur une nouvelle page où on vous demande de saisir en plus un nom d'utilisateur (celui qui sera précédé par le fameux « @ »).

Grâce à cette page, vous saurez également si les éléments que vous avez donnés ont déjà été utilisés par d'autres avant vous. Dans ce cas, il faudra trouver autre chose.

Cliquez sur « Créer un compte » puis répondez à l'e-mail de confirmation envoyé par Twitter à votre adresse pour accéder à toutes les fonctionnalités du service.

Votre compte Twitter est créé !

20

Un compte privé ou public ?

Céline Camoun

C'est une question qu'il faut vous poser dès vos premiers pas sur ce réseau social. Puisque c'est une opportunité de base qui vous est offerte. Pour pouvoir choisir, commençons par voir ce que l'un et l'autre impliquent.

Qu'est-ce qu'un compte public (ou ouvert) ?

Un compte public signifie que tout le monde va pouvoir lire ce que vous écrivez sur Twitter. Soit directement en vous suivant, soit simplement en consultant votre profil. Soit encore en faisant une recherche sur l'un des sujets que vous avez traité.

Qu'est-ce qu'un compte privé (ou fermé) ?

L'idée qui prédomine est de protéger vos tweets. Un compte privé est uniquement réservé à

votre communauté. Et c'est vous qui la créez en choisissant d'accepter qui a le droit de vous suivre ou pas. Tant que la personne n'a pas votre accord, elle n'est pas en mesure de lire vos tweets. Un compte privé est reconnaissable, car il est assorti d'un petit cadenas.

Quel type de compte choisir ?

Ici tout va dépendre de vos objectifs. Demandez-vous en amont dans quels buts vous souhaitez utiliser Twitter ?

Vous désirez communiquer uniquement avec des amis ou des connaissances : le compte privé est fait pour vous. Il va restreindre vos interactions avec les autres membres de Twitter. Mais il va protéger vos propos. Je mets un bémol sur cette dernière affirmation, car certains logiciels, vous permettant de tweeter depuis votre smartphone, permettent de retweeter même des comptes privés.

Vous désirez communiquer avec le plus grand nombre, que ce soit à titre personnel ou professionnel : choisissez alors un compte public. Cela vous permettra d'être suivi par une multitude de personnes. Un des intérêts de Twitter est de pouvoir échanger sur des sujets avec des personnes (parfois expertes) que vous n'auriez pas rencontrées autrement. Twitter reste pour moi le média social de l'ouverture.

Pour conclure

Vous pouvez toujours, en cours d'utilisation de Twitter, choisir de rendre votre compte public ou privé en allant dans les paramètres de votre profil (en cochant « protéger mes tweets » et en enregistrant vos modifications).

21

Quelle photo associer à son profil ?

Laure Bertil

Comme chacun sait, la photo ajoutée à son profil sur les réseaux sociaux, Twitter y compris, est la première représentation que les autres ont de nous. Il est donc crucial de bien la choisir en suivant quelques règles simples mais essentielles.

Les critères techniques

D'un point de vue technique, l'avatar est une image carrée pouvant mesurer de 52 à 700 Ko. Twitter ne fixe pas de limites pour les dimensions de l'image mais vous pouvez vous limiter à 500 pixels par 500 pixels. Twitter permet l'utilisation des formats JPG et PNG pour la photo du profil.

Les critères de choix d'une photo

Je vous conseille de sélectionner celle qui montre clairement votre visage et sur laquelle vous êtes reconnaissable. En deux mots, une photo fidèle. Cette image doit aussi donner envie aux autres d'aller plus loin, de vous découvrir et de vous suivre sur Twitter. Il est important également que cette photo montre que vous êtes quelqu'un d'accessible et ouvert aux autres. C'est la raison pour laquelle on privilégiera le côté humain et naturel au côté froid, voire distant de certaines photos. Une telle attitude pourrait en effet engendrer de nombreuses critiques basées uniquement sur votre apparence. Le message en serait alors tronqué.

L'**esthétisme de la photo** joue aussi un rôle important car trop souvent on aperçoit des images de mauvaise qualité : pixels médiocres, éclairage trop fort ou trop faible. À cela on préfère une photo nette, bien éclairée et prise avec un véritable appareil photo plutôt que par une webcam par exemple (surtout si celle-ci est de mauvaise qualité).

Le **fond de l'image** quant à lui peut être neutre ou de couleur en fonction du message que vous cherchez à faire passer. Il vaut mieux éviter en effet d'avoir un fond avec d'autres personnes ou une multitude de couleurs qui distrairaient le visiteur et qui lui feraient oublier immédiatement le personnage en premier plan, c'est-à-dire vous !

Un peu de couleur - qui vous permettra de vous distinguer à travers le fil d'actualité de vos followers - est souvent une bonne idée.

Le contenu de la photo

Parlons maintenant du contenu : je vous invite à sélectionner une photo plus ou moins originale qui reflète bien votre personnalité et que l'on repère facilement parmi l'immense quantité de photos que l'on trouve sur Twitter. Encore une fois, il faut que la personne qui la regarde se souvienne de vous et comprenne la logique entre votre personnalité, vos ambitions, vos recherches d'emploi et l'image que vous véhiculez.

Si par exemple, vous êtes trop timide ou que votre profil est relié à un blog personnel, vous avez la possibilité de mettre un avatar qui soit votre représentation. Le côté décalé de l'image peut même dans certains cas s'avérer nécessaire et essentiel pour marquer votre originalité.

Toutefois, il n'est pas recommandé de mettre un avatar lorsque le profil est à but professionnel, encore plus lorsque l'on cherche un travail. N'oubliez pas d'être en harmonie avec votre image, votre personnalité, mais là aussi avec votre métier. Vous avez ainsi la possibilité de vous habiller et vous prendre en photo dans votre tenue professionnelle ou dans un vêtement tout simplement plus habillé qu'un tee-shirt par exemple. Le recruteur qui viendra très probablement faire un tour sur votre profil Twitter verra alors la cohérence entre ce que vous prétendez être en entretien et ce que vous êtes vraiment.

Pour conclure

Rien ne vaut une photo simple, de bonne qualité où vous souriez et qui reflète votre personnalité et votre ambition professionnelle.

NB : Regardez l'avatar de Maurane : c'est une photo dynamique qui montre un morphing de son visage, depuis l'enfance et jusqu'à maintenant. Original, non ?

22

Comment réussir sa biographie ?

Gonzague Dambricourt

La biographie Twitter est un élément déterminant de votre profil puisque c'est elle qui va permettre de savoir qui vous êtes et donner envie ou pas de vous suivre.

Dans la biographie on peut tout simplement mettre un petit texte, concis - après tout c'est Twitter - vous décrivant (cf. la capture ci-dessous avec ma biographie, concise !). Vous disposez de 160 caractères !

Certains l'utilisent pour dire où ils travaillent, qu'ils ont douze enfants et qu'ils sont catholiques pratiquants. D'autres s'en servent pour faire savoir à qui les lira qu'ils sont adeptes du saut en parachute, *Community Manager*[14] de Claude François ou entrepreneur à la recherche d'une idée d'entreprise.

14 - Le **gestionnaire de communauté**, ou le ***Community Manager***, a pour but d'animer et de fédérer les échanges entre internautes utilisant les réseaux sociaux et de faire respecter les règles de bonne conduite au sein de cette communauté (Wikipédia).

Bref, il n'y a pas de règle. C'est selon l'image de sérieux que vous souhaitez donner à votre profil que vous pouvez rédiger un texte assez traditionnel ou au contraire, décalé et impertinent. La tendance est à quelques mots, un point (ou deux slashs) puis d'autres mots.

Mais voici tout de même trois conseils plus sérieux :

- Soyez clair, concis et... si vous en avez envie... de trouver comment vous « vendre » en peu de lignes, c'est un excellent exercice.

- Inutile de préciser votre ville/pays ou l'adresse de votre site dans ce champ : vous pouvez le préciser dans deux autres champs prévus à cet effet (cf. question 25).

- Vous pouvez mettre un lien, #hashtag dans une description ainsi qu'un @pseudo.

23

Comment personnaliser l'apparence de son profil ?

Christophe Ramel

Lors de discussions entre utilisateurs de Twitter, il n'est pas rare d'entendre dire : « Mais si le contenu que je partage est pertinent, pourquoi aurais-je besoin de personnaliser l'habillage de mon compte ? » La question mérite d'être posée, mais c'est sans prendre en considération le fait que la crédibilité d'un compte Twitter passe souvent par les efforts que fera l'internaute afin de le soigner visuellement. Il est donc probable que votre compte ne rencontre pas le succès qu'il aurait (sans doute !) mérité si vous ne personnalisez pas son habillage, d'autant plus que le choix d'un suivi (ou non) se fait généralement en quelques secondes.

La personnalisation de l'habillage se fait dans les « Paramètres », dans l'onglet « Thème ». Vous pouvez y modifier votre image de fond, pour laquelle certains utilisateurs préféreront l'anglicisme « background ». Ce thème n'est visible que sur Twitter.com et pour quelques rares clients Twitter (cf. question 44).

Votre thème peut être personnalisé de trois manières différentes : vous pouvez opter pour une image suggérée par Twitter (18 au choix, sans compter celles proposées par Themeleon[15]), pour un fond uni (dans quel cas il vous faudra opter pour une couleur hexadécimale ou une sélection un peu moins précise) ou encore pour votre propre image de fond, affichée en mosaïque ou non, au format PNG, JPG ou GIF. Une nouvelle fois, le poids de l'illustration est limité (à 800 Ko) ; optez donc pour une image de grande taille, mais pas optimale en termes de résolution.

Et n'oubliez pas de définir une couleur de liens en accord avec votre habillage !

15 - http://www.colourlovers.com/themeleon/twitter

24

Comment changer la langue de son compte ?

Parfois, lors de la création d'un compte sur Twitter, il est possible que la langue par défaut soit l'anglais. Ou si vous préférez avoir vos paramètres et vos messages dans une autre langue, il est possible simplement de changer la langue de l'interface de Twitter.

Quelques précisions :

- Le changement de langue n'aura aucun impact sur vos tweets ni la description de votre profil.
- Ce paramètre est personnel, il affectera votre propre interface de Twitter et non pas la façon dont les autres vous verront. Par exemple, si une personne ayant un paramétrage de langue en espagnol visite votre profil, tous les mots liés à l'interface de Twitter seront en espagnol.

Voici à présent les explications pour changer la langue de votre compte Twitter :

1. Paramètres du compte : sur votre page principale, tout en haut, à droite de la barre de recherche, cliquez sur le petit personnage, puis « Paramètres ».

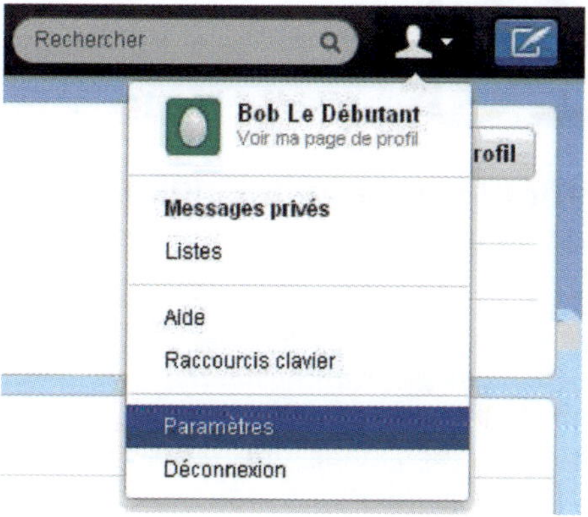

2. Configuration de la langue : dans le menu « Compte », il y a une section « Langue ». Sélectionnez le langage désiré.

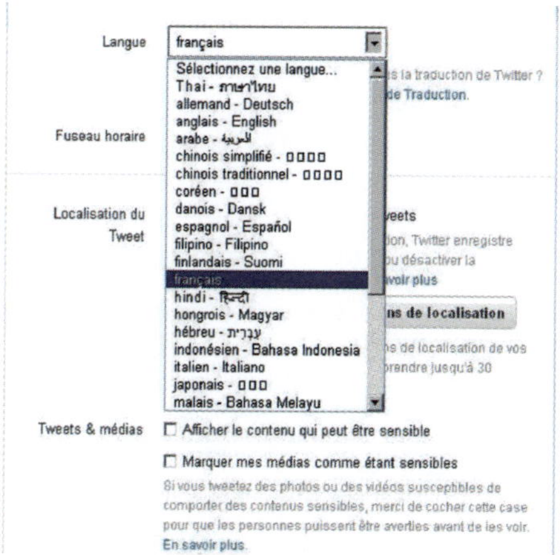

3. Cliquez sur « Sauvegarder les modifications » et voilà !

25

Comment régler sa localisation ?

Afin de connaître les sujets les plus discutés du moment (les trending topics), proche de chez vous - par exemple en France -, il est important de bien définir votre localisation.

La localisation sur Twitter permet d'attribuer un lieu à votre profil Twitter. Elle amène donc des informations supplémentaires aux personnes qui viennent consulter votre profil et répond à la question « Où êtes-vous dans le monde ? ».

C'est un champ libre, donc vous pouvez choisir la localisation que vous souhaitez : un village, une ville, une région, un pays, voire un continent.

Pour régler votre localisation sur Twitter, vous devez aller dans « Paramètres » et dans « Profil », vous trouvez l'option « Localisation ».

Remplissez le champ et voilà !

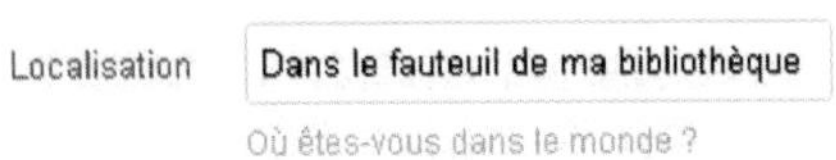

Quoi
et comment tweeter

Démarrer sur Twitter. Voici une vraie gageure pour beaucoup de débutants.

De quoi parler et comment ? Idéalement, que doivent contenir mes premiers tweets ? Puis-je ne pas tweeter ?

L'objet de cette partie est de répondre à ces questions primordiales.

Vous y trouverez aussi quelques conseils pour gagner en visibilité et utiliser Twitter du mieux possible.

26

Que peut-on poster sur Twitter ?

Marie-Laure Vie

Twitter est protéiforme

L'avantage de Twitter, c'est qu'il est protéiforme. On peut tout y poster, à condition que cela tienne en 140 caractères : du texte, un lien vers une image, un lien vers une vidéo, un lien vers un morceau de musique, etc. Tous les tweets sont postés sous la même forme : une phrase d'accroche (ou les bribes d'une réflexion) complétée ou non par un lien, pour aller plus loin.

On peut aussi poster du texte sans lien. C'est le cas des utilisateurs qui se saluent le matin avant d'aller travailler, de ceux qui partagent leur humeur, ou de ceux qui – dans un usage plus professionnel – diffusent en direct les phrases clés d'une conférence ou d'un discours (cf. question 60).

Depuis Twitter.com

Depuis Twitter.com, on ne peut poster que du texte, des liens et des photos. Pour cela, cliquez sur le bouton « Écrire un nouveau Tweet ». Saisissez votre texte et/ou votre lien. Pour ajouter une image, cliquez sur le logo en bas à gauche (qui ressemble à un petit appareil photo) et parcourez votre disque dur. Les photos sont hébergées par défaut par Twitter.

Applications tierces

Si vous ne voulez pas utiliser Twitter pour héberger vos photos, vous pouvez choisir de fonctionner avec d'autres services, comme par exemple Twitpic[16]. Il existe également une multitude d'autres services selon les types de contenus que vous voulez partager. Parmi eux, Twitvid[17] et yfrog[18] pour les vidéos (mais aussi les photos), TwitDoc[19] pour envoyer toutes sortes de fichiers, Blip.fm[20] pour la musique ou encore twitdraw[21] pour les dessins (collaboratifs).

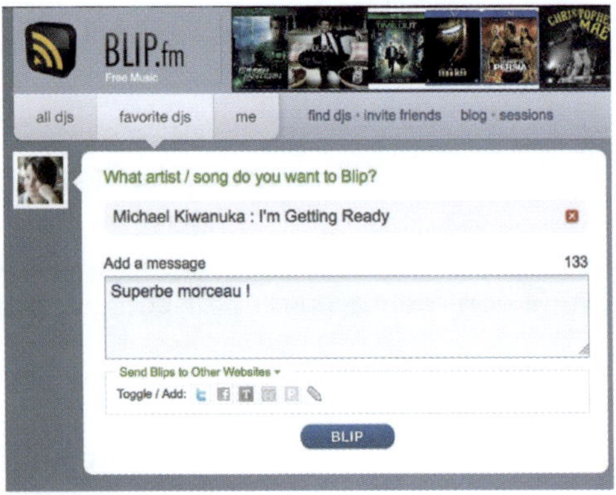

16 - http://twitpic.com/
17 - http://twitvid.com/
18 - http://yfrog.com/
19 - http://twitdoc.com/
20 - http://blip.fm/
21 - http://twitdraw.com/

Il y a également de nombreuses passerelles avec d'autres médias sociaux. On peut ainsi y envoyer de façon automatique et simultanée ce que l'on publie sur les sites de réseaux sociaux professionnels (LinkedIn, Viadeo), sur Facebook, sur les plateformes de live-blogging (Posterous, Tumblr), les applications de géolocalisation (Foursquare), celles de partages de photos et images (Instagram, Pinterest), etc., ou simplement sur son site à travers un flux RSS (Twitterfeed).

Par exemple, comme on peut le voir ci-dessous sur LinkedIn, quand on partage une nouvelle, on a la possibilité de la partager également sur Twitter en cochant la case associée.

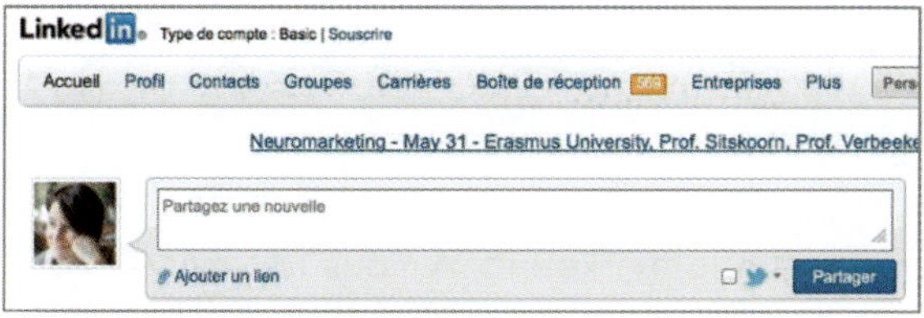

Il faut cependant utiliser ce type de service avec parcimonie, car la publication de Twitter apparaît en direct sur le Web et les réactions peuvent être tout aussi immédiates. Il faut donc être présent pour répondre, échanger, débattre avec vos interlocuteurs.

27

Comment choisir sa ligne éditoriale ?

Valérie March

Le partage d'information est au cœur de Twitter. L'enjeu pour vous dans le positionnement et l'animation de votre compte va être de partager des informations suffisamment appétissantes pour que vous soyez suivi et retweeté. Plus l'information que vous émettez est banale et plus il vous sera difficile de percer. Par conséquent, choisissez d'axer votre ligne éditoriale sur un thème d'expertise précis, serré. Il vous sera par exemple plus facile d'émerger sur un sujet tel que le marketing expérientiel du point de vente que d'essayer de vous positionner sur un sujet aussi vaste que le marketing. À vous de trouver votre place. Pour identifier votre thème d'expertise, posez-vous quelques instants et réfléchissez aux thèmes qui vous passionnent et pour lesquels vous pensez pouvoir apporter une valeur ajoutée. Puis regardez un peu ce qui existe sur Twitter : qui est déjà positionné dans votre champ d'expertise, de quoi parlent-ils exactement, comment... ?

Une fois votre ligne éditoriale choisie, identifiez les mots-clés liés à votre expertise et utilisés sur Twitter. Ces mots vont vous permettre d'identifier les tweets intéressants d'autres experts. En émaillant vos propres tweets de ces mots-clés précédés d'un hashtag, vous rendrez également vos tweets plus faciles à trouver.

Ensuite, votre expertise doit apparaître clairement dans la bio associée à votre profil. Là aussi, n'hésitez pas à utiliser des mots-clés liés à votre thématique, précédés d'un hashtag.

Enfin, dans l'animation quotidienne de votre compte vous allez devoir respecter la règle d'engagement 70/20/10.

Cette règle vous aide à définir le type de tweets que vous pouvez, devez émettre pour développer votre influence dans votre domaine d'expertise :

- 70 % de vos tweets doivent être centrés sur votre domaine d'expertise ou votre métier. Vous allez vous appuyer sur votre propre contenu et également partager le contenu d'autres experts ou sites référents. Le facteur clé de succès : la régularité et l'intérêt des informations partagées. Cette démarche n'exclut pas les retweets bien au contraire mais des retweets choisis, sélectionnés. Votre objectif étant de devenir le compte Twitter référent dans votre domaine.

- 20 % des tweets peuvent être réservés aux interactions avec le reste de la communauté Twitter. Exemples d'activité qui relèvent de cette catégorie de tweets : répondre à des tweets, adresser des tweets à une personne en particulier, remerciements, etc.

- 10 % de vos tweets peuvent être purement promotionnels, tournés vers vous et votre activité : vous participez à un événement, vous lancez un nouveau produit, vous relayez un de vos communiqués de presse, etc. Font aussi partie de cette catégorie, les tweets « hors sujets », ceux qui sont liés à une passion par exemple et n'ont rien à voir avec votre ligne éditoriale.

Respecter cette répartition vous permet de transformer votre compte Twitter en une véritable vitrine de votre expertise tout en continuant à servir la vocation de « réseau » de Twitter. Les échanges avec abonnés ou autres twittos ne doivent en effet pas être négligés. Sans ce type de tweets, Twitter deviendrait rapidement une simple plateforme de diffusion.

28

Peut-on être sur Twitter sans tweeter ?

Flavien Chantrel

On entend beaucoup parler de Twitter au niveau médiatique. Adoré des journalistes et régulièrement mis en avant par l'utilisation qu'en font les politiques et les marques, son impact sur le grand public est moins évident à cerner. Pourtant, les derniers chiffres annoncent 5,2 millions d'utilisateurs[22] en France. La plupart seraient inactifs, ne postant aucun message en ligne...

Mais ne pas poster de messages et être inactif, est-ce exactement la même chose ? Un des principaux intérêts de Twitter reste son utilisation dans le cadre d'une veille, professionnelle ou pas. Le fait de recevoir des informations ciblées en s'étant abonné à des comptes disposant d'une ligne éditoriale en accord avec nos attentes n'engage absolument pas à être soi-même émetteur de contenu. Bien au contraire ! Les deux postures sont différentes.

Si vous ne souhaitez pas devenir un média, que votre temps est limité sur les réseaux sociaux et que cultiver un auditoire n'est pas votre priorité, ce n'est pas une raison pour vous couper de l'outil Twitter. Une utilisation passive peut être

22 - Semiocast.

très intéressante pour vous constituer une source d'informations réactive et pertinente.

29

Faut-il être attentif à ses premiers tweets ?

Flavien Chantrel

Pas évident de commencer à tweeter… Par quoi commencer ? Vous démarrez avec une page vide, sans personne pour vous suivre. Vos premiers tweets ne seront donc pas lus, faute de public. Pourtant, vous devez bien débuter, sans quoi vos premiers followers risquent de ne jamais arriver !

L'idée est donc de démarrer en partant du postulat que les personnes venant voir votre profil se feront une idée de votre ligne éditoriale à partir des premiers messages envoyés. Il est donc important de savoir dès le début ce que vous souhaitez faire sur Twitter pour attirer des lecteurs qui partagent vos intérêts. Avez-vous un sujet fétiche ? Est-ce un compte professionnel ou personnel ? Privé ou public ? A-t-il pour but d'attirer de nombreux followers ou avant tout d'échanger avec des personnes que vous connaissez déjà ?

Vos premiers tweets doivent découler de cette mise à plat de départ. Faites comme si vous aviez toujours été sur Twitter et respectez dès le premier tweet votre future ligne éditoriale, cela vous fera perdre moins de temps. Les « Hello World » ou « Je découvre Twitter » n'intéresseront pas grand monde…

Et pas de panique si vous avez commencé comme cela, Twitter est évolutif et il n'est jamais trop tard pour repartir sur de bonnes bases.

30

Comment modifier ou supprimer un tweet ?

Marie-Laure Vie

Techniquement on ne peut pas modifier un tweet, mais on peut le supprimer.

Voici comment faire :

1. Connectez-vous à Twitter. Vous allez être directement dirigé sur la page d'accueil.

2. Identifiez le tweet que vous souhaitez supprimer. Plusieurs fonctions vont apparaître : Répondre, Supprimer, Favori, Ouvrir. C'est la seconde fonctionnalité qui vous intéresse.

3. Cliquez sur Supprimer. Cliquez sur « Oui » pour confirmer la suppression.

Et voilà !

Il faut toutefois ne pas se faire d'illusion, si vos followers sont en ligne au moment de votre publication, ils verront passer le message. La meilleure pratique est de faire un second tweet faisant référence au premier, et corrigeant son erreur. S'il s'agissait d'une faute d'orthographe ou d'un lien qui ne marche pas, une fois le deuxième tweet posté, on peut sans souci supprimer le premier.

Si vous utilisez le service photo par défaut de Twitter, quand vous supprimez un tweet contenant une photo que vous avez chargée, vous supprimez aussi la photo. Il est plus délicat de supprimer un tweet dans le cas de l'expression d'une opinion sur laquelle on veut revenir. La culture du Web en temps réel supporte mal le manque de transparence et la négation. Il est toujours préférable d'assumer et de corriger en poursuivant la conversation.

On peut aussi, dans certains cas, jouer d'une fuite ou d'une erreur en se plaçant sur le ton de l'humour. Il y a de nombreux exemples de tweets qui étaient destinés à être envoyés en mode privé et qui ont été diffusés en public, à tous, ce qu'on appelle dans le jargon de Twitter un « DM fail ».

31

Existe-t-il un nombre idéal de tweets à envoyer chaque jour ?

Jeremy Benmoussa

En fait, il n'y a pas un nombre idéal. Le nombre de tweets à envoyer chaque jour dépend essentiellement du type de contenu que vous publiez. Vous devez être suffisamment régulier pour être remarqué et suffisamment pertinent pour être apprécié, tout en évitant de « spammer » le fil de vos followers.

Si, sur votre compte Twitter, vous partagez essentiellement des articles en faisant une veille de qualité, cela ne choquera pas vos followers que vous postiez un message toutes les quinze minutes, chacun de vos messages apportant une certaine valeur à vos followers.

En revanche, si vous racontez votre vie sur Twitter, il y a fort à parier que ça n'intéressera pas (forcément) grand monde d'avoir un détail permanent de vos activités.

Il y a donc un juste milieu à trouver, en fonction de vos contenus, entre le partage de votre veille ou la diffusion d'information et les tweets plus personnels que vous publierez (cf. question 51).

Plutôt que la quantité, accordez une importance particulière à la régularité. Peu importe que vous ne publiez que peu (c'est toujours mieux que

« trop »), l'essentiel sera de publier quotidiennement et pas en un seul bloc. N'envoyez pas tous vos tweets à la suite !

Évidemment, au-delà des messages que vous publiez et des contenus que vous partagez, ne vous freinez pas au niveau des conversations que vous pouvez avoir et des réponses aux messages qu'on peut vous adresser. Entrer dans autant de conversations que vous le souhaitez et répondez aux messages qu'on vous a envoyés.

32

Quel est le meilleur moment pour tweeter ?

Anthony Poncier

Détaillons un peu la question relative au créneau idéal pour tweeter. Certaines personnes tweetent tout au long de la journée — en direct ou en programmant certains tweets (cf. question 33) ou seulement à certains moments de la journée. Cependant, certaines heures sont plus propices pour tweeter car plus de gens sont connectés devant Twitter. Cela augmente d'autant les chances de voir son tweet lu et potentiellement retweeté et ainsi d'augmenter son nombre de followers. Bien sûr, cela est un peu contradictoire avec l'esprit de Twitter qui met en avant la circulation de l'information en temps réel et l'interaction spontanée... Si Twitter possède des règles, une culture, il possède aussi son rythme, son propre temps.

Ainsi vers 6 heures-7 heures, Twitter se réveille. On retrouve les « influenceurs », les « accrocs » et leur réseau qui se disent bonjour et commencent à partager leur veille, retweetent les premiers tweets qui animent leur timeline.

Si quelques personnes se connectent en arrivant au bureau entre 8 heures et 9 heures, la deuxième grosse vague de lecture et donc de retweets se situe plutôt entre 11 heures et 13 heures.

On approche de la pause déjeuner, de nouveau les personnes se connectent et lisent leur timeline pendant leur repas ou leur pause-café et font suivre les tweets postés à ce moment-là, ou qui ont déjà été tweetés un certain nombre de fois lors de la première vague du matin.

On assiste à une troisième vague de tweets autour de 17 heures-18 heures, quand les gens quittent leur travail. La dernière vague de connexion s'opère vers 21 heures, après le diner, mais par contre la physionomie de la timeline est différente. Moins de liens partagés, beaucoup plus de conversations, de débat autour du buzz du moment, ou d'un programme télé. On est beaucoup plus proche des gazouillis d'origine.

D'ailleurs c'est souvent autour de ces discussions avec son réseau que Twitter prend tout son côté humain et donne lieu par la suite à des billets de blogs, nés de ces discussions du soir.

Il faut préciser deux choses par rapport à cette respiration de Twitter dans la journée. Premièrement, on ne trouve pas les mêmes gens et le même rythme le week-end que les jours de la semaine. D'ailleurs, quand on regarde les statistiques, il y a beaucoup de retweets qui se font le week-end.

Deuxièmement, si vous vous adressez à un public asiatique, il faut tweeter beaucoup plus tôt le matin et si c'est pour un public américain, plutôt l'après-midi, décalage horaire oblige. Un certain nombre d'influenceurs français dans ce cadre tweettent en français le matin et basculent en anglais vers le milieu de l'après-midi et la soirée.

Afin de vous aider dans cette optimisation du temps, certains outils gratuits existent (cf. question 33).

Mais n'oubliez pas le temps réel, quelle que soit l'heure, le pouls de Twitter bat toute la journée.

33

Comment améliorer le taux de clics au sein des tweets ?

Envoyer des tweets est une chose. Que les tweeteurs cliquent sur les liens qu'ils contiennent (on parle de taux de clics pour désigner le nombre de fois où les personnes cliquent sur les liens contenus dans les tweets), qu'ils les lisent en est une autre. Voici quelques recommandations visant à augmenter le taux de clics au sein de vos tweets et leur visibilité.

Tweeter au bon moment

Il y a un meilleur moment pour envoyer ses tweets (jour de la semaine, créneau horaire, etc.), comme on l'explique de manière plus détaillée dans la question précédente, et il existe plusieurs outils pour déterminer le meilleur créneau :

- TweetWhen[23] permet de savoir quand vous êtes le plus retweeté : à quel moment de la journée et quel jour de la semaine, à partir de l'analyse de vos 1 000 derniers tweets.
- Tweriod[24] : ce site récupère la liste de vos followers (maximum 5 000), analyse leurs 200 derniers tweets et génère un rapport comprenant de nombreuses informations : le moment où vos followers sont en ligne, les

23 - http://tweetwhen.com/
24 - http://www.tweriod.com/

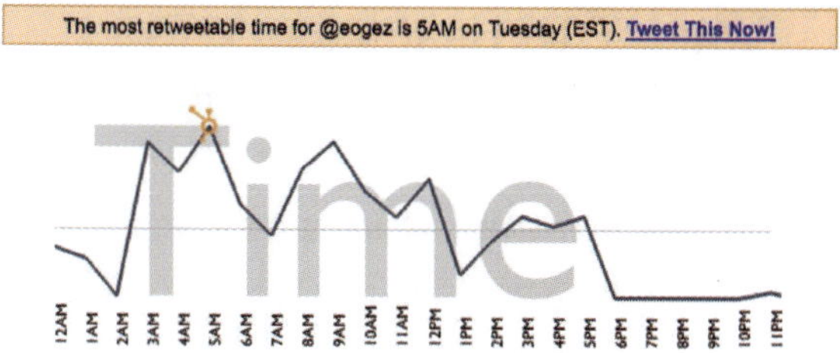

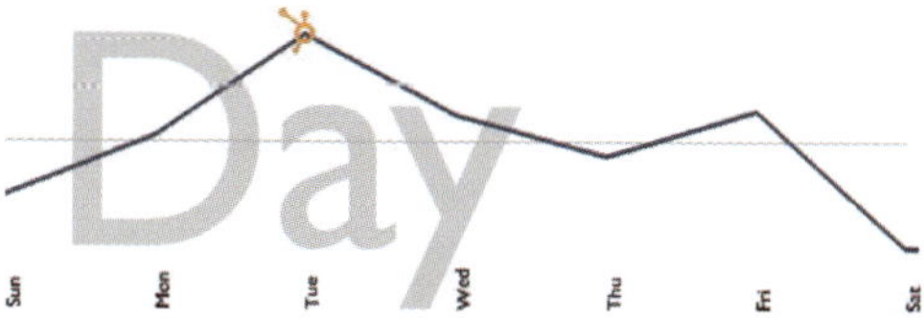

heures pendant lesquelles vous êtes le plus mentionné...

Si jamais le meilleur créneau est un samedi soir à 22 heures et que vous avez autre chose à faire (on peut le comprendre), vous pouvez utiliser Clocktweets[25] ou un des nombreux clients Twitter existants (cf. question 44) afin de programmer vos tweets. Ils seront diffusés automatiquement, à la date et au moment que vous avez définis.

Placer les liens au bon endroit

Une récente étude[26] a montré que l'emplacement d'un lien dans un tweet avait un impact sur le taux de clics. Et il semblerait que le meilleur endroit dans un tweet pour inclure un lien se situe à peu près à 25 % de la longueur du tweet. Et pourtant,

25 - http://clocktweets.com/

26 - http://danzarrella.com/new-twitter-data-optimal-link-placement-for-clicks.html#

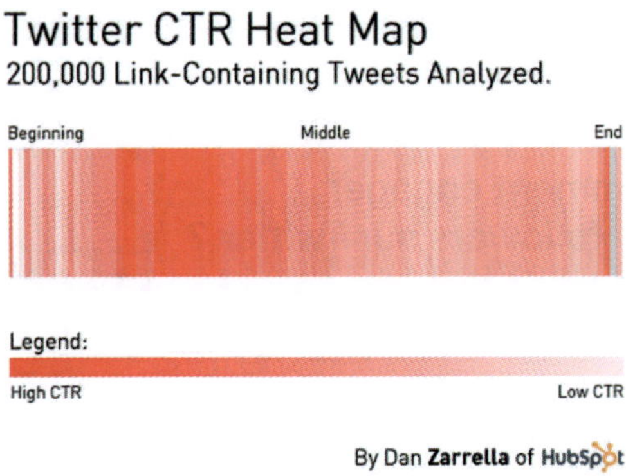

le plus souvent, les tweeteurs placent leurs liens à la fin de leurs tweets...

Un tweet ne doit pas dépasser une certaine taille

Comme vous le savez maintenant, un tweet ne peut pas dépasser 140 caractères. Un retweet suppose l'ajout du symbole RT ainsi que du pseudo de la personne à l'origine du tweet (vous, en l'occurrence). Autrement dit, cela prend un peu de place. Et la personne qui retweete doit pouvoir, si elle le souhaite, ajouter un petit mot en plus. D'où l'intérêt de limiter son tweet à 120/130 caractères.

Verbes, @, via, RT, merci...

Incitez vos followers à retweeter vos messages en utilisant des verbes d'action ! C'est plus percutant qu'un simple titre. N'ayez pas peur de demander à vos followers de vous retweeter (mais n'en abusez pas) et enfin dites « merci », « s'il vous plaît », intégrez les RT, les @ de personnes pour les informer de vos tweets.

34

Comment engager vos followers sur Twitter ?

Thibaud Michel

Sans qu'il n'y ait pour autant de recette miracle, créer une conversation sur Twitter va dépendre de plusieurs facteurs :

- La visibilité du compte – Mathématiquement, un compte qui a un grand nombre de followers est plus susceptible d'obtenir des réponses à ses tweets qu'un compte qui en a moins. De la même façon, un compte important bénéficiera de RT appelant d'autres utilisateurs, non followers, à interagir avec lui.

- Le positionnement du compte – Nous nous attachons à suivre un compte lorsque nous avons défini quelle(s) information(s) il est susceptible de nous apporter. En conservant le positionnement de son compte, on peut s'attendre à ce que ses followers soient automatiquement plus réceptifs à l'information publiée et donc davantage enclins à la commenter ou à la partager.

- La communauté – L'essence même d'une communauté est l'intérêt commun. Même si fédérer une communauté autour de soi est un travail de longue haleine, les comptes qui y parviennent bénéficient d'interlocuteurs actifs et de forts relais d'opinion.

Sur Twitter, tous les tweets ne génèrent pas automatiquement des conversations. Certaines méthodes sont pourtant plus efficaces :

- La prise de position – De façon générale, les tweets contiennent souvent des liens qui renvoient vers des articles. Le partage de ces liens doit pouvoir être l'opportunité de prendre position afin de susciter l'intérêt et faire réagir.

- Les tendances – De la même façon, utiliser les tendances Twitter pour découvrir les sujets du moment peut être un bon moyen de s'exprimer sur un sujet dont tout le monde parle pour engager un débat ou une conversation. Utiliser le hashtag du sujet augmentera la visibilité du tweet et la probabilité d'obtenir une réponse.

- Le questionnement – Même si la question n'invite pas nécessairement à la réponse, demander l'avis de ses followers sur un sujet favorise l'échange, tout en donnant de l'importance à sa communauté.

- Participer à la conversation – Nos following sont une source permanente d'information mais aussi une opportunité d'accéder à des conversations. Répondre à un tweet, et exprimer ses idées à un groupe sont autant d'actions qui favoriseront l'échange.

- Visionner les listes – Les listes dans lesquelles nous sommes cités permettent de voir la manière dont nous sommes perçus. Elles sont alors utiles pour faire ressortir certaines spécificités de notre compte et les thèmes à aborder pour « intéresser » et créer une conversation.

35

Twitter veille-t-il à ma sécurité ?

Erwan Le Nagard

Un compte piraté, une usurpation d'identité, etc., peuvent arriver : ce qui nous renvoie à l'importance de la sécurité des informations sur Twitter.

Twitter a mis en place une interface d'assistance accessible à tous pour vous permettre d'entrer en contact avec l'équipe « confiance et sécurité » et vous aider à venir à bout de vos difficultés. Cette équipe est également joignable via http://Twitter.com/assistance

Abonnez-vous aux mises à jour officielles, et envoyez votre requête en message privé.

Depuis l'interface d'assistance, vous pouvez remplir un formulaire en ligne mis à disposition pour Twitter afin de signaler les abus d'un utilisateur irrespectueux des CGU[27] : piratage d'un compte, cybersquatting, usurpation d'identité, violation de votre contenu et copyright, violence, pornographie, spamming, etc.

Parmi les abus les plus courants, le spam est le plus simple à résoudre. Lorsque vous êtes connecté à votre compte Twitter, il suffit de cliquer sur « signaler en spam » de la barre latérale en consultant le profil de l'utilisateur irrespectueux. Une fois le compte signalé, l'équipe « confiance et sécurité » de Twitter étudie les rapports de spam en combinaison avec d'autres signaux d'abus. Le compte en question ne sera peut-être pas immédiatement ou définitivement suspendu. En revanche, une fois le compte signalé, il ne pourra plus vous répondre ni vous suivre.

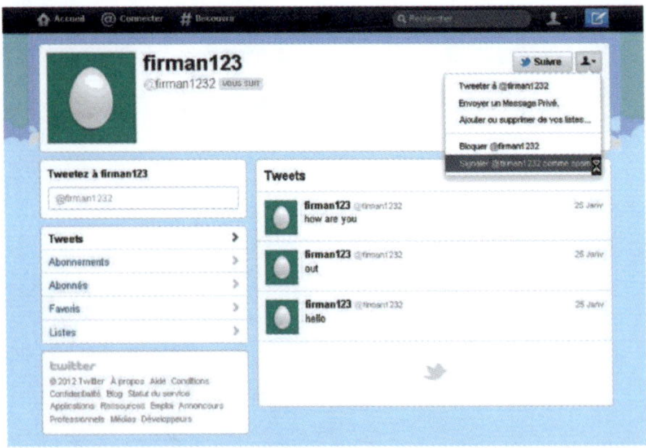

27 - https ://twitter.com/tos

Pour les abus plus complexes à traiter, les organismes d'application de la loi peuvent contacter Twitter directement à lawenforcement@twitter.com. Les requêtes doivent provenir de domaines officiels d'organismes judiciaires et inclure des informations pertinentes d'identification, ainsi qu'un courriel pour être jointes.

Qui suivre et comment créer sa communauté sur Twitter

36

Comment suivre les bonnes personnes ?

Grégory Pouy

Comment suivre les bonnes personnes ? Voici une question que la majorité des gens se posent. Twitter, ça a l'air intéressant mais par où je commence ? Évidemment, quand on considère qu'il y a 98 000 tweets par minute[28] et des dizaines de millions de comptes, ce n'est pas simple de s'y retrouver. Voici quelques étapes que nous vous proposons de suivre.

Pour commencer, Twitter vous donne un petit coup de main. Via l'onglet « Découvrir », le site vous suggère des personnes à suivre et vous permet de naviguer dans des catégories thématiques qu'il a définies, dans lesquelles vous trouvez des utilisateurs qu'il a sélectionnés pour vous (cf. question 5). Cela constitue une bonne base de départ.

Puis, les biographies (cf. question 22). Elles sont un excellent moyen pour sélectionner les personnes qui partagent vos passions ou votre travail et que vous pouvez suivre, afin d'en savoir plus sur ces thématiques.

Vous avez également les trending topics (cf. question 12) et donc les personnes qui échangent sur

28 - www.youtube.com/watch?v=pQqH7858P04

ces sujets. Si ces derniers vous intéressent, il est fort possible que les utilisateurs publiant sur ceux-ci vous intéressent également.

Enfin, si vous vous focalisez sur des centres d'intérêt, il existe plusieurs manières de procéder :

1. En consultant les magazines et la presse : ceux qui vous intéressent vont souvent faire référence à des comptes Twitter qui seront sans doute proches de vos centres d'intérêt. D'ailleurs, ces mêmes magazines pourraient bien avoir un compte Twitter également, que vous pouvez facilement retrouver via le moteur de recherche de Twitter.

2. En faisant une recherche de hashtags ou de sujets directs.

3. En regardant les followers d'un des vôtres.

4. Si vous trouvez une personne qui vous intéresse tout particulièrement, n'hésitez pas à regarder ses followers pour les suivre également ou, si cette dernière a pris le temps de faire des listes, de suivre les listes réalisées ou de sélectionner des personnes au sein de ces listes (cf. question 10).

5. Par vos amis déjà présents sur Twitter.

6. En utilisant un outil externe comme Followerwonk[29] : sur la gauche du site, cliquez sur « search Twitter bio » et enfin, inscrivez le sujet qui vous intéresse (ou la marque, le média, etc.). Le site va simplement faire une recherche parmi les biographies des personnes présentes

29 - www.followerwonk.com

sur Twitter et qui y ont inscrit les sujets de votre recherche dans leur biographie. C'est sans doute l'un des meilleurs outils du marché pour ce type de recherche.

7. Pour conclure, une fois ces quelques utilisateurs sélectionnés, vous allez vite vous rendre compte qu'ils interagissent, retweetent, et par ce moyen naturel, vous découvrirez plus de monde encore et toujours car Twitter est riche et foisonnant. Pour ma part, même cinq ans après, je découvre encore des personnes nouvelles et pertinentes, tous les jours.

Ceci étant dit, malgré cette réponse, il n'est pas rare qu'en conférence ou en formation, plusieurs personnes insistent en réclamant des profils à suivre absolument ! La réponse est claire et sans appel : aucun en particulier et ce, malgré les conseils de Twitter, lors de votre inscription.

Certes, certains profils vous sont proposés. Mais selon l'objectif de votre inscription (veille politique, suivi du sport, échanges, etc.) vous ne serez clairement pas intéressé par les mêmes personnes. Donc, du bon sens et un peu de temps de recherche seront de bien meilleurs outils pour démarrer, plutôt qu'une liste préparée par nos soins.

37

Qu'est-ce qu'un compte vérifié ?

Hédia Charni

Suite à des revendications pour usurpation d'identité, Twitter a mis en place une authentification des comptes. En effet, de par la simplicité d'inscription sur Twitter, de nombreux internautes peuvent créer de faux comptes en utilisant le nom qu'ils souhaitent.

À l'inscription, Twitter ne vérifie pas si la personne possède bien l'identité demandée. Cela crée dès lors deux difficultés :

- Comment savoir s'il s'agit de la bonne personne et être sûr que le compte lui appartient ?
- Cela peut nuire à l'e-réputation de la personne en question (cf. question 53).

C'est pourquoi Twitter a créé les comptes vérifiés.

Un compte vérifié est un profil qui a reçu une vérification (c'est-à-dire une certification) par Twitter. Cela signifie que l'identité de son utilisateur a été authentifiée et que c'est bien le propriétaire du profil qui tweete ou l'un de ses représentants. Précisons que Twitter est la seule entité habilitée à décerner ce statut.

Il est fortement recommandé aux artistes et aux entreprises de l'obtenir afin de se prémunir contre les faux comptes qui pourraient ainsi piéger leurs communautés et gérer au mieux leur e-réputation.

Actuellement, seules les personnes à fort risque d'usurpation d'identité – c'est-à-dire les personnes ou entreprises connues – peuvent demander à ce que leur compte soit vérifié.

Le compte vérifié est reconnaissable via le badge bleu de vérification, apposé dans le coin supérieur droit, comme on peut le voir, par exemple, avec le compte vérifié Twitter de David Guetta :

Par opposition aux comptes non vérifiés :

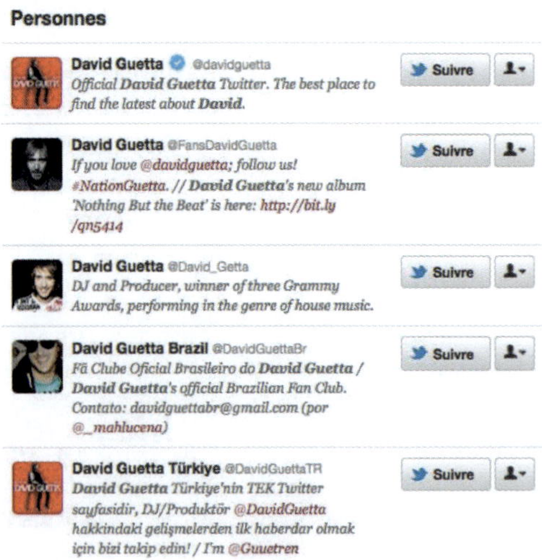

38

Suivre une personnalité : comment peut-on être sûr de parler à la bonne personne ?

Malika Céladon

L'un des attraits et avantages de Twitter est de pouvoir suivre au plus près des personnalités célèbres, que l'on aime, voire dont on est fan. Ce petit privilège vous permet d'être en lien direct avec elles, d'avoir des informations ou des anecdotes en avant-première et parfois de pouvoir converser avec elles. Plus la personne a de followers, plus il va lui être difficile de répondre à tout le monde, mais certaines prennent le temps de le faire.

Afin de vous assurer qu'il s'agit bien de votre chanteur(euse) ou sportif(ive) préféré(e), il existe un petit repère bleu évoqué dans la question précédente.

Et si vous souhaitez connaître la liste de tous les comptes vérifiés, vous pouvez suivre cette liste : https ://Twitter.com/#!/verified/following !/ verified/ : ils sont tous recensés.

Mais toutes les personnalités ne font pas cette demande à Twitter. Dans ce cas, c'est à vous de vérifier si la personne dont vous suivez le fil d'actualité est bien la vraie.

Voici quelques trucs et astuces que vous pouvez utiliser.

Commencez par regarder les photos du profil (intitulées sous le nom d'images récentes sur la gauche de la page). Si la personne célèbre utilise un smartphone, vous saurez rapidement si c'est elle (si elle se trouve en permanence sur des photos faites maison, c'est un bon indicateur).

Ensuite, intéressez-vous à l'outil de recherche. Tapez le nom de cette personne et regardez les résultats : on ne reste généralement pas anonyme longtemps. Ce fut le cas par exemple pour Bernard Pivot : @bernardpivot vs. @bernarpivot1

Un autre bon moyen de vérifier vous-même l'identité d'une personne, c'est de suivre des journalistes (rarement anonymes). Ils sont une bonne source de renseignements et la plupart vous répondront si vous leur posez une question (n'oubliez pas que même derrière un écran, la courtoisie et la politesse marchent très bien quand on demande un renseignement).

Pour les sportifs, un bon moyen de savoir est de suivre les clubs ou les sponsors (ils sont souvent « comptes vérifiés »). Ils vous indiqueront dans leur actualité les comptes de leurs sportifs. C'est le cas par exemple du @StadeToulousain qui tient à jour une liste des entraîneurs et des joueurs vérifiés sur leur site.

Twitter a aussi un algorithme intelligent qui, en fonction de vos recherches, vous suggérera des personnalités célèbres en relation.

Et enfin le dernier indicateur, plus ou moins fiable, et donc à ne prendre en compte que si vous avez cherché un peu avant, c'est le nombre d'abonnés. Si la personne en a un grand nombre (voire un très grand nombre) vous pouvez parier que d'autres avant vous ont fait des recherches. Mais ce n'est pas forcément un gage absolu de véracité, certains comptes peuvent s'avérer être des faux.

Vous voilà maintenant de vrais chasseurs de têtes de célébrité sur Twitter !

39

Combien de personnes peut-on suivre ?

Il n'y a pas de règles. Vous pouvez en suivre autant que vous voulez : 150, 500, 1 000, 10 000, etc. Il faut par contre garder à l'esprit que plus vous suivrez de personnes et plus il vous sera difficile de tout voir, de tout lire et de réagir à chaque tweet que vous trouverez intéressant. Sauf si vous passez vos journées complètes, voire vos nuits, devant Twitter. Mais est-ce bien raisonnable ?

En suivant 150 personnes qui tweetent régulièrement, on peut se permettre chaque matin de parcourir l'ensemble de son fil d'actualité et voir tous les tweets qui ont été envoyés depuis sa dernière connexion. En suivant 500 personnes (ou plus), c'est beaucoup plus difficile parce que cela peut prendre du temps. Et puis, de toute façon Twitter ne vous permet pas de remonter très loin en arrière.

Il faut donc faire un choix.

Soit vous décidez de ne suivre, par exemple, que 150 personnes (on peut se rappeler la théorie de Dunbar[30] selon laquelle « le nombre d'amis avec lesquels une personne peut entretenir une relation stable à un moment donné de sa vie » est 148) et

30 - http://fr.wikipedia.org/wiki/Nombre_de_Dunbar

vous « savez presque tout » - vous connaissez même précisément et en détail les personnes que vous suivez -, soit vous en suivez plus et dans ce cas, vous vous faites une raison - et vous arrêtez aussi, par la même occasion, de culpabiliser.

N'oubliez pas que Twitter se construit dans l'instant. Vous manquerez très probablement beaucoup de choses mais vous aurez aussi la possibilité, au gré du hasard, de tomber sur des perles. Et même si vous ne connaissez pas personnellement toutes les personnes que vous suivez, vous arriverez tout de même à créer une microcommunauté de personnes avec lesquelles vous échangerez davantage.

En outre, grâce à la construction de listes (thématiques ou regroupant des personnes dont vous ne voulez absolument rater aucun tweet), vous pourrez sans soucis vous informer efficacement.

40

Quel est le bon ratio following/follower ?

Céline Camoun

Inscrit sur Twitter, vous allez suivre des gens pour vous informer sur leur actualité. D'autres vont faire de même en vous suivant. Le cours des choses va donc aller ainsi. À partir de ce moment-là plusieurs alternatives vont se présenter à vous.

Le Follow Back spontané

Vous pouvez le pratiquer, en suivant automatiquement tous ceux qui vous suivent. Vous allez donc arriver à avoir un nombre égal de following et de followers. Libre à vous d'arrêter de suivre ceux qui, à un moment ou un autre, décident de ne plus vous suivre. Ce positionnement peut-être celui de l'équilibre donnant donnant.

Ne suivre que ceux qui vous plaisent

En fonction de vos centres d'intérêt, de vos affinités et *tutti quanti*. L'idée est de retrouver dans son fil d'actualité une actualité qui vous convienne.

Ne suivre que les amis

Certains ne suivent que ceux qu'ils connaissent. C'est souvent le cas, des comptes de personnalités publiques. Une des opportunités de Twitter est d'élargir sa communauté et d'avoir une source non négligeable de contenus, de créativité, et de partage. Ne passez pas à côté de cet intérêt-là.

Ne suivre personne

Positionnement radical s'il en est. Qui peut être justifié par le fait que vous ne vouliez pas interagir avec la communauté. Ce qui à mon sens vous fait passer à côté de l'essence même de ce réseau.

En conclusion, pas de règle précise sur le bon ratio following/follower, à vous de choisir la formule qui vous convient, mais il faut cependant rappeler que ce ratio peut être utilisé comme un moyen d'évaluer la qualité voire l'influence d'un profil. Ainsi, plus un tweeteur a un nombre élevé de followers, plus il est écouté et donc plus il est influent (bien entendu, le second point à prendre en compte est l'engagement de sa communauté, c'est-à-dire ses échanges avec elle).

41

Comment gagner des followers ?

Jeremy Benmoussa

Pour comprendre comment gagner des followers, il faut en premier lieu comprendre que vos followers représentent votre communauté.

Cette communauté est constituée de personnes dont les centres d'intérêt sont proches des vôtres. Quelle que soit la façon dont les tweeteurs sont amenés à découvrir votre existence, ils feront la démarche de vous suivre s'ils identifient simplement et rapidement les thématiques qui vous définissent. Donc, que votre compte Twitter soit personnel ou professionnel, identifiez-les dans la description de votre compte et, le cas échéant, ajoutez un lien vers votre blog ou le site Internet de votre entreprise (cf. question 22).

Bien qu'identifiable, la qualité de votre contenu reste l'élément le plus important pour décider un tweeteur à vous suivre. Si vous partagez des contenus de qualité (les vôtres ou ceux issus de votre veille), que vos remarques sont pertinentes et que le ton que vous utilisez est approprié par rapport aux sujets que vous abordez, votre compte sera très rapidement identifié comme un compte de valeur et un tweeteur qui vous découvrira via un retweet ou un lien menant vers votre compte vous suivra assez facilement.

Pour établir votre présence, il est nécessaire de publier de façon régulière et dans la mesure du possible de choisir des heures de publications qui correspondent à votre cible (cf. question 33).

Si vous avez bien sélectionné les tweeteurs que vous suivez, votre timeline affichera en permanence des messages qui répondront à vos attentes. N'hésitez pas à repartager les contenus qui vous semblent intéressants et qui correspondent à l'une de vos thématiques, comme nous en parlions un peu avant. En plus d'être intéressant pour vos followers, ça sera également une façon de vous faire remarquer par l'auteur du tweet que vous retweetez.

Participez également aux conversations, même si vous n'en connaissez pas les différents intervenants. Twitter est un réseau public, ses conversations le sont aussi pour permettre à chacun de participer. Intervenir est un bon moyen de vous faire remarquer par ceux qui participent à une conversation, mais également par tout leur réseau de followers qui verront votre nom Twitter apparaître.

Accordez une attention particulière aux influents. Leur nombre de followers vous exposera d'autant plus s'ils répondent à vos messages et discutent avec vous. *A priori*, s'ils sont présents sur Twitter et ont beaucoup de followers, c'est que leur contenu est intéressant et qu'ils interagissent beaucoup avec leur communauté. Ne soyez donc pas timide.

Toujours dans cette démarche de vous faire identifier sur des thématiques définies, utilisez la fonction *Search* de Twitter pour identifier les conversations sur une thématique. Cela vous permettra d'identifier de nouveaux followers que vous ne connaissez pas encore et de toucher de nouveaux cercles en participant à ces conversations.

Jouez le jeu des Follow Friday (cf. question 43). Comme dans le « vrai monde », les tweeteurs apprécient cette mise en valeur et cette forme de reconnaissance.

Suivez des comptes qui correspondent à vos thématiques. Suivre des comptes de qualité peaufinera votre fil d'actualité mais permettra également de vous faire remarquer par les tweeteurs en question. S'ils estiment à leur tour que votre compte correspond aux thématiques qui les intéressent, ils vous suivront. On appelle cela un Follow Back.

Enfin, cela paraît évident, mais pensez à dire que vous avez un compte Twitter en le mentionnant sur votre site Internet, dans votre signature mail, sur votre carte de visite, etc.

Et dernier conseil, pour la route : évitez d'acheter des followers (Si, si... c'est possible !).

Ce n'est jamais très bien perçu et vous ne couperez pas aux faux comptes voire aux robots.

Préférez donc la méthode de gain : « doucement, mais sûrement » et de manière personnelle, à « la sueur de votre front ».

42

Qu'est-ce qu'un robot ?

Céline Camoun

Sur Twitter, un robot, plus communément appelé un bot (ou spambot), est un compte créé par une personne puis automatisé pour diffuser mécaniquement des messages.

Il en existe différentes sortes, dont certaines sont présentées ci-dessous : les robots qu'on peut suivre, ceux qu'on ne suit pas mais qui vous interpellent selon le contenu de vos tweets, les bons robots et les mauvais robots... Mais commençons par voir comment on peut en reconnaître un.

Comment reconnaître un robot ?

Pas par son image de profil, car ici toutes les fantaisies sont permises. Mais plutôt par son attitude : absence d'interactions avec les twitteurs ou conversation extrêmement limitée puisque se rapportant à une unique phrase. Un fort nombre de following et peu de followers.

Dans la famille « robots », je demande celui qui radote

Ce robot-là va toujours répondre la même chose à ses interlocuteurs. Parmi eux, il y a le robot promotionnel qui dessert un but mercantile. Comment fait-il ? Il cible des mots-clés contenus dans les tweets, par exemple : « rencontre ». Dès qu'il l'identifie dans une conversation, il fait une réponse automatique (*auto-reply*), avec un lien vous renvoyant vers ce qu'il vend. Par exemple, en vous renvoyant vers son site de rencontres.

Les robots et le mass-following

Comme indiqué plus haut dans cet ouvrage, on peut gagner des followers en se donnant du temps et en misant sur la qualité de ses tweets et leur régularité (plus quelques autres « trucs »). Mais on peut aussi recourir à une stratégie de mass-following utilisée par les robots. En quelques mots, cela veut dire que vous suivez artificiellement des comptes de robots qui eux-mêmes en suivent et que votre stratégie repose sur : « Je te suis, tu me suis[31] ». Mais bien entendu, nous ne vous recommandons pas cette stratégie !

Non, les robots ne sont pas tous de mauvais augure

Dans cette famille, vous pourrez rencontrer le robot humoristique qui suit le même système (mot-clé) mais en vous proposant une réponse censée vous faire rire. Inutile de vous dire que j'ai plus de sympathie pour ces derniers.

Ainsi le compte de @Le_Marsu participe à la communauté majoritairement à base du célèbre cri du Marsupilami# « Houba Houuuba ! : D » avec parfois quelques variantes telles que « Houba Houuuba ! ;) » ou « Houba Houuuba ! :p » quand le sujet l'ébranle complètement

31 - Et non, pas de barbichette impliquée dans cette question...

Dans la famille « robots », je demande celui qui informe

Vous l'aurez compris, les robots sur Twitter sont donc des outils automatisés qui côtoient des gens comme vous et moi. Certains ont eu l'excellente idée de créer des robots dans un esprit plus ludique et pédagogique. C'était le cas d'History tweet qui proposait chaque jour un tweet sur un fait historique arrivé le même jour mais à une autre époque (une idée à reprendre pour la twittosphère française ?). Le compte Twitter @ sciencedaily quant à lui propose des informations sur les découvertes scientifiques mondiales.

Le robot utile

C'est celui-ci qui est automatisé pour la bonne cause. C'est le cas du compte Twitter @timer qui vous permet de créer des alertes sous la forme de tweets. Suivez le compte @timer et envoyez un message privé avec l'heure d'un rappel ; @timer se charge de vous notifier.

43

Qu'est ce qu'un Follow Friday ?

Céline Camoun

Dans les années 1990, la Californie a eu l'idée de donner une couleur particulière au vendredi annonçant la fin de la semaine, et d'annoncer l'allégresse propice au week-end. Cela s'est traduit dans la culture d'entreprise par : le Friday Wear. Il consiste à s'autoriser une tenue plus décontractée ce jour-là, en opposition aux costumes de la semaine. Twitter, d'origine californienne, n'a pas échappé à cette tradition qui s'illustre par le : Follow Friday.

Qu'est-ce que le Follow Friday ?

On pourrait traduire cette expression par : qui suivre en ce vendredi ? C'est l'un des hashtags les plus populaires sur Twitter. C'est une coutume qui existe depuis 2009, et qui a pour but de recommander à vos followers des gens à suivre, parce que vous les trouvez intéressants, pertinents, drôles ou utiles. Comme son nom l'indique, cette pratique a lieu tous les vendredis. Mais rien ne vous empêche de faire un #FF un autre jour de la semaine.

Comment faire un Follow Friday ?

C'est en général une succession d'un ou de plusieurs noms d'utilisateurs suivi du hashtag et de la mention #FollowFriday ou #FF. Vous pouvez également faire des #FF plus personnalisés (avec une ou deux personnes seulement) où vous expliquez pourquoi vous recommandez tel ou tel profil :

Est-on obligé de suivre la coutume du Follow Friday ?

Absolument pas. Twitter reste un espace libre dans lequel vous faites ce que bon vous semble. Dans le respect des règles de politesse habituelles.

Que faire quand je suis mentionné dans un Follow Friday ?

Vous venez d'être mentionné dans un Follow Friday ? Félicitations ! Vous pouvez remercier votre interlocuteur, soit en le recommandant, à votre tour, à vos followers en le mentionnant dans un #FF, soit simplement, avec un merci suivi de la mention abrégée de « Follow Friday back » :

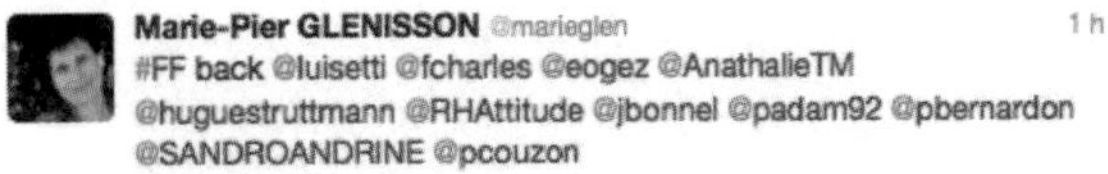

Pour aller plus loin

Certains sites comme http://followfriday.com/ vous proposent un classement des personnes les plus recommandées par les #FF. Vous pouvez ainsi voir un classement mondial ou un classement par pays. Vous pouvez faire une recherche vous concernant en indiquant votre identifiant.

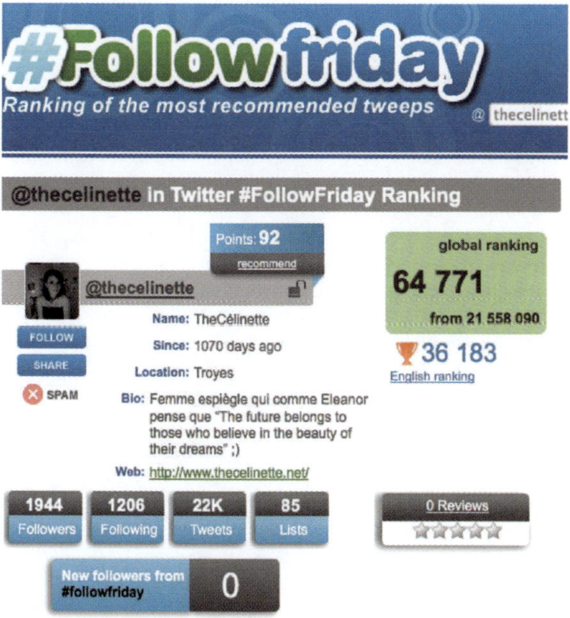
#Followfriday
Ranking of the most recommended tweeps
@ thecelinett
@thecelinette in Twitter #FollowFriday Ranking
Points: 92
recommend
@thecelinette
FOLLOW
SHARE
SPAM
Name: TheCélinette
Since: 1070 days ago
Location: Troyes
Bio: Femme espiègle qui comme Eleanor pense que "The future belongs to those who believe in the beauty of their dreams" ;)
Web: http://www.thecelinette.net/
global ranking
64 771
from 21 558 090
36 183
English ranking
1944 Followers
1206 Following
22K Tweets
85 Lists
0 Reviews
New followers from #followfriday
0

Petit florilège d’outils

44

Pourquoi utiliser un « client » Twitter ?

Damien Douani

Twitter s'utilise depuis l'interface principale www.twitter.com, accessible depuis n'importe quel navigateur Internet, depuis un ordinateur, un mobile ou une tablette.

Cependant, même si l'interface a évolué et s'est enrichie, elle reste plutôt restreinte en fonctionnalités ; vous ne pouvez pas suivre d'un seul coup d'œil plusieurs recherches et alertes sur des mots-clés, publier un message sur des comptes différents, voire même gérer à plusieurs un même compte Twitter (par exemple, un compte d'entreprise ou de marque).

Afin d'enrichir et de faciliter l'usage de Twitter, on a souvent recours à des outils tiers gratuits dits « clients ». Il en existe beaucoup mais voici ceux qui sont le plus souvent utilisés[32] : Echofon, tweetdeck, Hootsuite et Seesmic Ping. À noter que tous ces outils alternatifs existent en version mobile et en version tablette (voir l'article « Peut-on utiliser Twitter depuis son téléphone ? »).

Le choix d'un « client » plutôt que d'un autre dépendra des fonctionnalités recherchées mais aussi de l'aisance avec laquelle vous les utiliserez.

---

32 - http://techcrunch.com/2011/03/15/report-use-of-third-party-twitter-clients-dwindles-to-42-percent/

N'hésitez pas à les tester tous avant d'en sélectionner un.

Echofon

Disponible sur Mac, PC et Firefox, c'est une première alternative. Il permet de gérer plusieurs comptes Twitter, de suivre certains mots-clés, et de visualiser des photos, des vidéos et des profils. C'est un client Twitter pour tous ceux qui recherchent simplicité et efficacité.

Tweetdeck

Tweetdeck est un logiciel à installer sur votre Mac ou votre PC (une version est aussi accessible via certains navigateurs Web). Il permet d'avoir en un seul coup d'œil sous forme de colonnes plusieurs flux Twitter, ses messages publics et privés, de gérer plusieurs comptes, de filtrer les tweets en fonction de mots-clés et de hashtags, et de paramétrer à l'avance la publication de tweets. Il permet également de publier ses tweets sur Facebook, LinkedIn, MySpace, Google Buzz et Foursquare.

Hootsuite

Hoostsuite est disponible via un navigateur Internet. Il est identique à Tweetdeck dans ses fonctionnalités principales (le partage sur d'autres sites sociaux notamment) et sa disposition en colonnes. Il permet aussi de gérer à plusieurs un même compte Twitter (utile pour une marque par exemple), et d'accéder à des statistiques poussées (fonction payante).

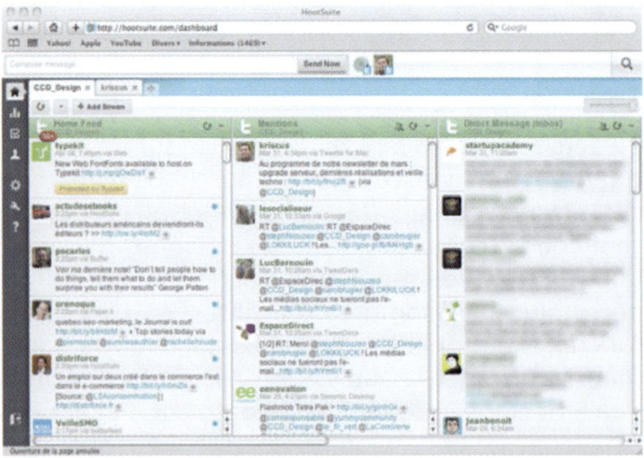

Seesmic Ping

Seesmic Ping est le dernier-né de la famille Seesmic. Logiciel à installer sur son Mac ou sur son PC, il se présente sous forme d'une petite fenêtre texte. Son principal intérêt est de pouvoir paramétrer à l'avance la publication de tweets. Il permet aussi de publier sur Facebook et LinkedIn. En revanche, il ne permet pas de suivre des mots-clés ou des flux Twitter, c'est uniquement un outil de publication.

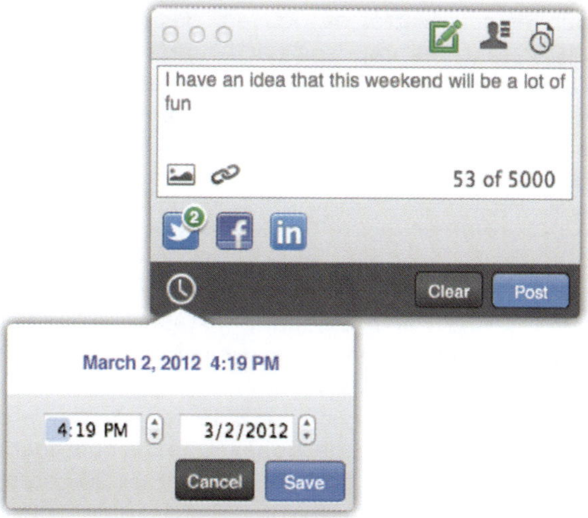

45

Mon message peut-il dépasser les 140 caractères ?

Erwan Le Nagard

Comme nous l'avons déjà dit, les messages publiés sur Twitter ne peuvent pas dépasser les 140 caractères imposés par l'interface officielle. Cependant, il existe quelques astuces pour diffuser des messages plus longs en recourant à des liens.

En mars 2006, lorsque Jack Dorsey commence à programmer la première interface de Twitter, il souhaite proposer aux futurs utilisateurs de son service d'envoyer des messages courts sur Internet par messagerie instantanée ou par SMS. Il compte beaucoup sur cette technologie d'envoi de messages par téléphone portable pour développer son service. Le SMS est un standard mondial d'échange de données texte contenant 160 caractères, qui devront contenir les 20 caractères nécessaires à votre nom d'utilisateur Twitter dont le « @ » qui le précède. Voici née la limite des 140 caractères de vos tweets !

Mais ce n'est pas parce que votre message est court qu'il n'est pas riche en informations.

Si Twitter vous impose de synthétiser votre pensée en allant à l'essentiel et de condenser l'information en un message clé, la possibilité d'y adjoindre un lien hypertexte vous permet d'en dire plus. Soyez plus expansif sur votre blog et utilisez Twitter pour en faire sa promotion.

Si vous n'en possédez pas, des services en ligne tels que Twitlonger[33] ou XLtweet[34] vous offrent la possibilité d'héberger vos messages longs. Ils ajoutent un lien à la fin de votre tweet et en cliquant dessus vos followers accéderont au reste du tweet.

Autre solution, Long Tweet Splitter[35] vous permet de couper vos messages en tweets distincts en les publiant à la suite, ainsi que d'y ajouter des mentions telles que « 1/3 », « 2/3 », etc. !

Ne voyez pas dans cette limite de 140 caractères une contrainte mais soyez créatifs[36] !

33 - http://twitlonger.com/

34 - http://xltweet.com/

35 - http://longtweetsplitter.com

36 - Cf. comptes insolites : huit comptes Twitter originaux à découvrir (question 98).

46

Comment raccourcir un lien sur Twitter ?

Damien Douani

Twitter est un formidable outil de partage de liens, vous pouvez diffuser très facilement toute adresse de page Web qui vous paraît intéressante à faire connaître à vos followers. Le problème est que ces liens sont parfois très longs et « consomment » une bonne partie des 140 caractères alloués à votre tweet. Et si jamais vous désirez ajouter quelques mots explicitant le sujet du lien que vous partagez, il y a de fortes chances que vous soyez au-delà de la longueur maximale de votre tweet.

La solution ? Raccourcir ces liens. Pour cela, vous avez deux manières de faire :

- Soit utiliser l'outil intégré à Twitter.
- Soit utiliser l'un des outils disponibles gratuitement sur Internet.

Quelle différence ? Tout dépend de ce que vous voulez faire : si vous désirez juste réduire le nombre de caractères, l'outil intégré à Twitter suffit largement. En revanche, si vous désirez personnaliser votre lien réduit, savoir combien de personnes ont cliqué dessus, il vaut mieux utiliser des services tels que bit.ly[37] ou tinyurl[38].

---

37 - https ://bitly.com/
38 - http://tinyurl.com/

Utiliser l'outil intégré à Twitter

Pour raccourcir un lien via l'outil intégré Twitter : depuis l'interface de www.twitter.com, tapez votre tweet et copiez-collez le lien que vous désirez raccourcir. Twitter vous affiche le nombre de caractères restants en prenant en compte la longueur du lien raccourci une fois que le tweet sera envoyé.

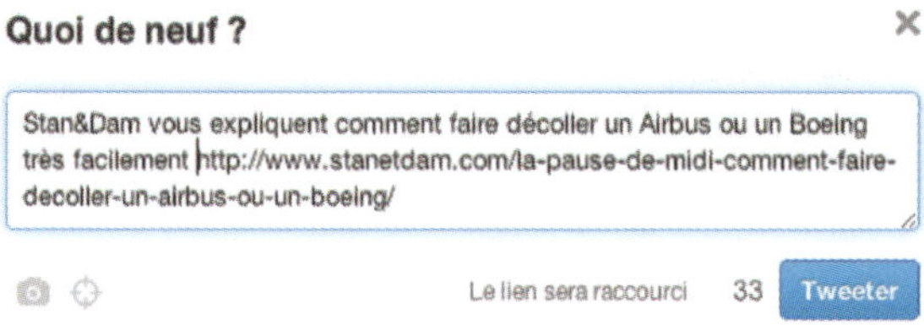

Utiliser bitly.com ou tinyurl.com

bitly.com est un service gratuit mais il vous faut vous inscrire en utilisant un compte Twitter ; en un clic vous accédez au service : vous pouvez ensuite réduire n'importe quel lien en le copiant-collant, et ensuite suivre des statistiques sur le nombre de clics, garder une trace des précédents liens que vous avez raccourcis.

Si vous avez envie de personnaliser la forme du lien raccourci, utilisez tinyurl : allez sur www.tinyurl.com, copiez-collez le lien que vous voulez réduire et choisissez la forme du lien souhaitée. Par exemple, si vous voulez raccourcir un lien menant vers une carte d'anniversaire virtuelle, vous pourrez créer un lien du type : http://tinyurl.com/surprise

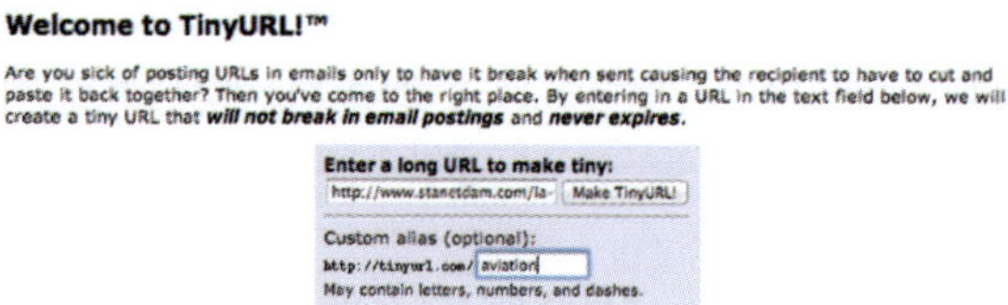

Un peu de fun

Enfin si vous venez du sud de la France et que vous avez envie d'avoir une adresse réduite qui sent bon la Provence, vous pouvez utiliser Past.is : vous tapez http://past.is, copiez-collez votre lien et obtenez une adresse raccourcie au format http://past.is/xxxxx

Notez enfin que la plupart des outils permettant de faciliter l'usage de Twitter (voir l'article « Quels outils pour faciliter l'usage de Twitter ? ») intègrent leur propre système de réduction des liens Internet.

47

Comment faire quand on est plusieurs à gérer un même compte ?

Karine Toussaint

Un même compte Twitter peut être géré par plusieurs personnes d'une même équipe ou pas. Ce n'est alors pas un exercice facile, une bonne coordination est nécessaire de même que la mise en place d'un **référentiel** auquel tout le monde se rapportera pour trouver les informations qu'il souhaite pour savoir comment s'adresser à la communauté concernée, mieux la connaître...

L'utilisation d'un outil dédié unique (permettant de gérer collectivement un même compte Twitter) peut également s'avérer d'une grande aide pour permettre à chacun de suivre facilement les échanges, les envois. Hootsuite permet de le faire.

Mais si vous souhaitez que plusieurs comptes Twitter alimentent un seul compte sans en donner les codes d'accès, vous pouvez utiliser Birdherd[39] - qui existe en version gratuite ou payante (avec des fonctionnalités supplémentaires).

Voyons, comment faire dans ce cas de figure.

Imaginons que vous gérez au nom d'une municipalité un compte Twitter sous le nom de @ Belleville, dans lequel vous diffusez régulièrement

---

39 - http://birdherd.com/more

des informations sur les manifestations sportives et culturelles qui se tiennent dans votre ville. Une dizaine d'associations de votre ville ont également ouvert un compte sur Twitter et vous aimeriez qu'elles puissent publier directement sur votre compte @Belleville des informations sur les événements qu'elles organisent. Vous aimeriez aussi que les personnes qui suivent @Belleville sur Twitter sachent que tel message a été publié par telle association.

Voici les étapes à suivre :

- Connectez-vous sur http://birdherd.com grâce à votre compte Twitter @Belleville.

- Dans l'onglet « Contributors », inscrivez le nom du compte de l'association à qui vous souhaitez donner un droit de publication sur votre compte. Par exemple, pour le compte @association1, inscrivez « association1 ». Attention ! Pour que cela fonctionne, il faudra au préalable que vous suiviez @association1 et que @association1 vous suive également, car Birdherd fonctionne avec le principe des messages privés.

- C'est fini !

Maintenant, à chaque fois que @association1 enverra un message privé à @Belleville, il se transformera instantanément en un tweet visible par tous sur le compte de @Belleville.

48

Puis-je envoyer mes messages depuis Twitter vers mon blog ou vers Facebook ?

Erwan Le Nagard

Twitter est un réseau social ouvert et permet de publier simplement et automatiquement des tweets sur son blog/son site et sur Facebook. L'inverse est également vrai.

Twitter vers son blog

Twitter fournit des widgets[40] et des applications officielles, facilement configurables, vous permettant d'afficher vos mises à jour ou celles de comptes que vous appréciez sur votre blog/site. Déconnectez-vous de votre compte Twitter, et sur la page d'accueil de Twitter cliquez sur le lien « Ressources » en bas de page.

Vous pouvez choisir de configurer quatre types de widgets :

- Widget de profil : affichez vos derniers tweets sur n'importe quelle page Web. Parfait pour faire la promotion de vos tweets à moindre frais sur votre blog ou votre site d'entreprise.
- Widget de recherche : affichez les résultats d'une requête dans le moteur de recherche

40 - Un widget est un petit outil qui permet d'obtenir des informations (météo, actualité, Post-it, etc.).

de Twitter en temps réel. C'est le widget idéal pour savoir ce qui se dit à propos de vos événements, vos diffusions, vos conférences, ou si vous souhaitez vous tenir au courant des dernières nouvelles.

• Widget de favoris : vous tweetez beaucoup et vous ne souhaitez pas afficher toutes vos conversations sur votre blog/site ? Ce widget vous permettra d'importer uniquement vos messages favoris.

• Widget de listes : mettez vos following préférés dans une liste, puis affichez-les sur un widget ! Parfait pour rassembler les messages de plusieurs comptes spécialisés autour d'un sujet, ou pour suivre les conversations avec vos amis.

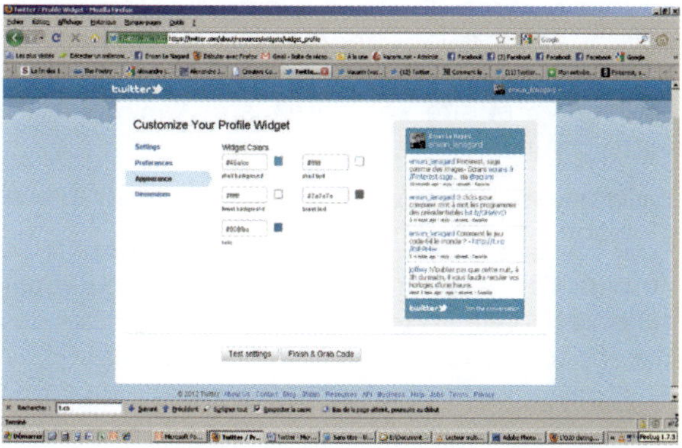

Une fois configuré, vous pouvez exporter votre widget en copiant-collant un extrait de code sur n'importe quelle page HTML.

Sachez qu'il est également possible d'ajouter un tweet sur votre blog et pour éviter une capture d'écran ou l'utilisation d'un plugin[41], vous pouvez utiliser Twitter directement.

1. Choisissez un tweet sur Twitter.com puis cliquez sur le lien « ouvrir » qui apparaît à droite du tweet.

2. Activez le lien « détails » puis cliquez sur « insérer ce tweet ».

3. Sélectionnez le code HTML, le code court ou le lien dans la fenêtre qui s'ouvre.

4. Copiez-collez le code sur votre blog.

Enfin, si les lignes de code ne vous font pas peur, vous pouvez développer gratuitement vos propres widgets. Comme de nombreux services Web 2.0, Twitter propose une API[42] publique qui permet aux développeurs d'autres sites de proposer des modules intégrant des fonctionnalités propres à Twitter. C'est un bon moyen pour venir enrichir votre site en contenus et l'animer avec votre communauté de followers.

Twitter vers Facebook

Pour partager vos mises à jour sur Facebook, rien de plus simple. Dans le même espace, une application officielle vous permet aussi de publier vos tweets sur votre timeline Facebook. Cliquez sur « Installer Twitter sur Facebook », puis acceptez les autorisations demandées par Facebook.

---

41 - Un plugin est un module d'extension qui complète un logiciel pour lui apporter de nouvelles fonctionnalités.

42 - Une interface de programmation (Application Programming Interface ou API) est une interface fournie par un programme informatique.

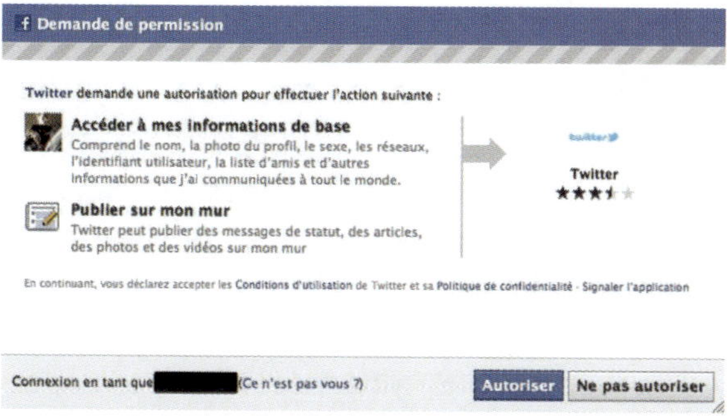

Vos prochains tweets apparaîtront sur votre page de profil et votre nom d'utilisateur Twitter sera affiché à côté. L'application Twitter pour Facebook ne transmet pas les retweets ou les @ mentions, et ne fonctionne pas avec les pages de marques ou d'entreprises. Si vous souhaitez importer vos tweets sur celles-ci, il vous faudra utiliser une application gratuite telle que « Twitter for Pages » développée par l'agence Involver[43].

Via un client Twitter (cf. question 44), cette possibilité de double publication (Twitter/Blog et Twitter/Facebook) est également disponible.

---

43 - http://involver.com/applications/

49

Quels sont les outils pour mesurer l'efficacité de ses actions sur Twitter ?

Emmanuel Vivier

Animer son compte Twitter nécessite du temps et/ou un budget (si vous externalisez ce travail à une agence ou un Community Manager). Il est donc essentiel de mesurer la performance de vos tweets, de voir quel est le retour sur investissement.

Vous aussi, vous aurez envie, tout simplement, au bout d'un certain temps d'utilisation de Twitter, de savoir si vous êtes efficace.

Contrairement à Facebook, Twitter ne propose pas d'outils d'analyse statistique très évolués pour le moment. Vous avez donc tout intérêt à vous tourner vers les nombreux outils utiles existants de ce genre. En voici trois pour démarrer :

- Crowdbooster[44] : cet outil vous permettra de suivre visuellement l'évolution du nombre de vos followers dans le temps, de mentions et de retweets. Vous pourrez identifier vos followers les plus influents et aussi les tweets qui ont touché le plus de monde.

- TweetReach[45] : il s'agit d'un outil permettant de connaître le nombre de fois où un tweet

44 - www.crowdbooster.com
45 - https ://tweetreach.com/

ou un hashtag a été mentionné et le nombre de personnes potentiellement touchées. Très pratique pour estimer l'impact d'une campagne ou d'un événement. Il se base sur les 50 derniers tweets comprenant le hashtag, le mot ou le pseudo.

• Sproutsocial[46] : c'est un outil plus complet permettant de suivre les performances de votre marque sur Twitter (mais aussi Facebook et Foursquare). L'interface très visuelle et intuitive vous donnera aussi des détails sur la composition sociodémographique de votre audience. Vous pourrez aussi gérer plusieurs comptes avec plusieurs contributeurs via une interface unique, ce qui permet de gagner en contrôle et en efficacité. Cette solution est aussi interfaçable avec Google Analytics, ce qui permet d'évaluer l'impact de vos actions *social media* sur le trafic de votre site Internet.

46 - http://sproutsocial.com/

50

Peut-on utiliser Twitter depuis son téléphone mobile ?

Damien Douani

Saviez-vous que plus de 45 % des utilisateurs de Twitter postent depuis leur mobile ou leur tablette ? Et qu'entre 2010 et 2011, l'usage mobile de Twitter a augmenté de 182 %[47] ?

Twitter via mobile est en fait tout à fait pertinent : quoi de plus logique en effet que de gazouiller sur le moment afin de partager un trait d'humour, un sentiment, une réflexion, le lien d'un article sur ce que l'on vient de lire, ou une photo prise sur le vif ? De plus, vous pouvez être alerté à tout moment d'un nouveau tweet ou message privé vous concernant.

Pour tweeter depuis son mobile, il y a trois moyens possibles :

Depuis le site Web mobile de Twitter[48]

Les apparences du site Web mobile de Twitter et de l'application Twitter mobile sont très proches de celle du site www.twitter.com. Donc si vous désirez ne pas être dépaysé, c'est l'idéal. De plus, l'application Twitter mobile est disponible pour la

47 - http://jnchaintreuil.com/182-de-croissance-pour-lusage-mobile-de-twitter/
48 - http://mobile.twitter.com

quasi-totalité des smartphones et des tablettes du marché : iPhone, iPad, Windows Phone 7, Blackberry, Android.

Depuis un logiciel tiers

Si vous désirez avoir accès à des fonctions avancées, comme la programmation de tweets, la gestion de plusieurs comptes Twitter, l'envoi synchronisé de messages sur Facebook... ou si tout simplement vous utilisez déjà un autre outil que tweeter sur votre ordinateur, vous pouvez choisir d'utiliser une application, comme Tweetdeck, Hootsuite, Echofon ou Seesmic, disponible sur la plupart des smartphones et des tablettes du marché.

Depuis un bouton « tweeter » intégré à votre smartphone iPhone ou Windows Phone 7

Enfin, l'iPhone et les téléphones sous Windows Mobile 7 intègrent désormais Twitter : vous pouvez émettre un tweet très facilement depuis le menu « partage » de la plupart des applications de ces téléphones.

2ème PARTIE

LES PRINCIPAUX USAGES

Veille
et e-réputation

51

Faire une veille professionnelle avec Twitter : quelles sont les bonnes pratiques ?

Jérôme Deiss

De par la contrainte des 140 caractères, il est difficile d'imaginer que Twitter puisse devenir une plate-forme de veille. Et pourtant Twitter est un canal d'informations en temps réel, une agence de presse mondiale, une source quasi intarissable de *breaking news*. Mais attention, faire une veille optimale, cela ne s'improvise pas. Voici quelques conseils et bonnes pratiques afin de vous aider au mieux à effectuer une veille optimale.

Repérer les bons profils

La qualité de votre veille dépendra, entre autres, des personnes que vous suivrez. Privilégiez les profils ayant une biographie complète et des centres d'intérêt proches de votre veille. Prenez également le temps de vérifier la régularité des tweets des personnes que vous envisagez de suivre. Il n'y a pas de temps à respecter entre deux tweets mais l'écart ne doit pas être trop grand au risque de suivre des actualités décalées par rapport à la réalité.

Pour repérer ces profils, vous pouvez utiliser les outils internes de Twitter à savoir :

- **Le moteur de recherche « Twitter search**[49] » : simple d'utilisation vous pouvez l'utiliser pour chercher les mots-clés correspondant à votre veille. Ci-dessous un exemple de proposition de comptes à suivre pour la recherche « réseaux sociaux ».

- **« Twitter interest**[50] » : il vous permet d'effectuer des recherches par catégorie d'intérêt et d'identifier les comptes à suivre selon les thématiques qui vous intéressent. Treize catégories sont répertoriées à ce jour (musique, sport, humour, actualité, technologie, etc.).

49 - https ://twitter.com/#!/search-home
50 - https ://twitter.com/#!/who_to_follow/interests

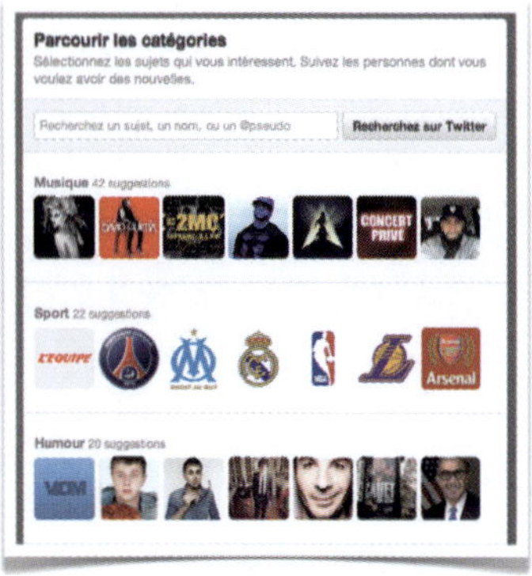

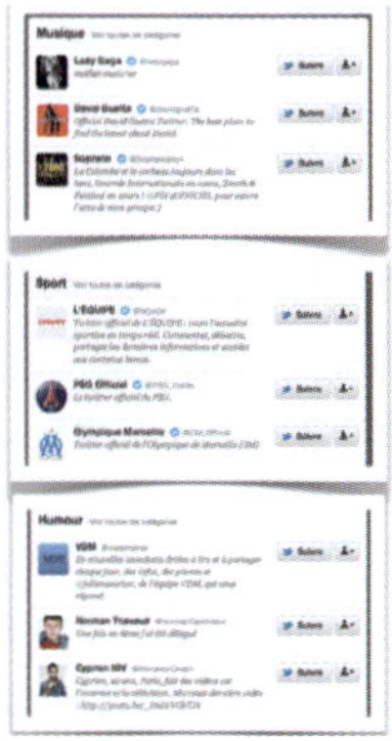

Suivre les bons hashtags et les bonnes listes

Vous pouvez rendre votre veille plus efficace en suivant les bons hashtags (cf. question 51) et en vous abonnant ou en créant des listes spécifiques (cf. question 10). À noter que Twitter permet de sauvegarder vos recherches (qu'il s'agisse de hashtags ou de mots-clés) et ainsi d'organiser votre veille autour d'une thématique comme illustré ci-dessus.

52

Comment optimiser sa veille avec des outils Twitter externes ?

Jérôme Deiss

Un des nombreux avantages de Twitter est de pouvoir utiliser des interfaces externes qui permettent certaines fonctions non disponibles directement sur Twitter. Voici quelques outils qui peuvent vous être utiles, dans l'élaboration de votre veille.

Topsy Alerts

Topsy Alerts[51] vous permet de faire une recherche sur un mot-clé, un hashtag ou un compte mentionné dans un tweet. Ce service Web propose également de transformer votre recherche en flux RSS ou alerte e-mail. Dans ce dernier cas, vous recevez un rapport détaillé dans votre boîte mail à intervalle régulier.

Topsy propose également un service d'analyse des statistiques : http://analytics.topsy.com/

51 - http://topsy.com/

On peut également citer Docteur tweety (http://www.docteur-tweety.com/) et Backtype (http://www.backtype.com/)

Backtweets

Votre veille peut porter sur des blogs ou des sites que vous appréciez. Dans ce cas, voici un moteur de recherche permettant d'afficher les tweets qui mentionnent une URL : Backtweets[52].

Hashtracking

En ce qui concerne les hashtags, un site de référence est à connaître : Hashtracking[53]. Ce service Web permet de trouver tous les hashtags d'un sujet donné sur Twitter sur les dernières 24 heures.

52 - http://backtweets.com/
53 - http://hashtracking.com/

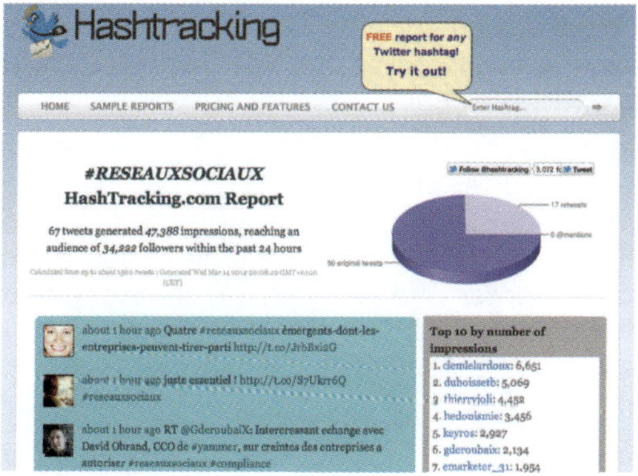

On peut également citer Hashtag (http://hashtags.org/) et un outil pour comparer deux hashtags (http://hashtagbattle.com/).

Monitter

Si vous surveillez plusieurs mots-clés, hashtags ou comptes, nous vous conseillons de regrouper votre veille sur une même interface, grâce à Monitter[54]. Ce service créera autant de colonnes de recherches que votre veille en demande.

54 - http://monitter.com/

Infomous

Infomous[55] permet de générer des cartographies sémantiques de recherches sur Twitter dans lesquelles on peut naviguer. Les recherches peuvent porter sur des mots-clés ou des profils Twitter. Il possède plusieurs options qui vous permettront d'affiner la cartographie. Vous pourrez ainsi présenter une veille de façon interactive et dynamique.

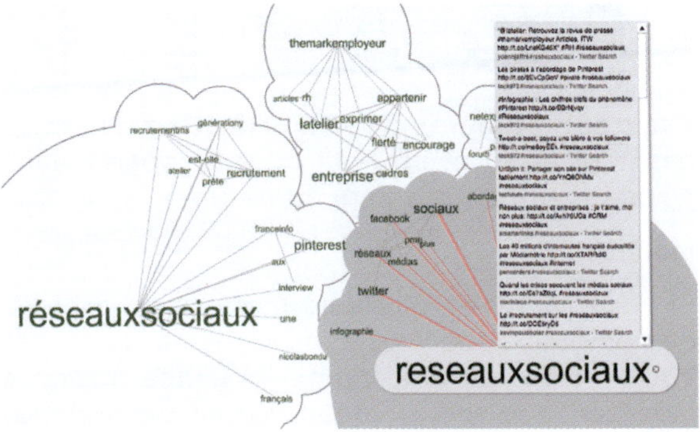

55 - http://infomous.com/site/twitter/

53

Comment gérer son e-réputation sur Twitter ?

Audrey Fleury

Chaque individu ou entreprise possède ses propres valeurs, messages ou opinions. En ce sens, gérer son e-réputation comporte des spécificités uniques à l'entreprise : vos consommateurs sont-ils présents sur le réseau ? Parlent-ils de vous ? Quels messages souhaitez-vous transmettre ? En prenant en compte ces spécificités, les étapes ci-dessous vous apporteront quelques conseils pour bien gérer votre e-réputation sur Twitter.

Protéger sa marque

La première étape consiste en la création d'un compte Twitter. Cette étape est nécessaire pour protéger votre marque, même si vous ne souhaitez pas être actif. Ne laissez pas l'opportunité à d'autres de s'exprimer en votre nom, cela pourrait nuire à votre e-réputation. Faites également en sorte d'être facilement identifiable par les utilisateurs en prenant soin de bien choisir votre pseudo, en complétant votre bio, en ajoutant une image de profil. Ces éléments constituent la première brique dans la construction de votre e-réputation.

Faire de la veille

La deuxième étape consiste à faire de la veille. Surveiller les conversations vous permet de connaître quasiment en temps réel ce que disent les internautes de vous. Et d'obtenir ainsi des retours d'analyse sur vos produits, vos services, vos campagnes marketing, etc. Cette veille peut également vous permettre de repérer des critiques, des rumeurs et d'anticiper de potentielles attaques envers votre marque.

Construire une e-réputation positive

Être proactif vous aide à construire une image positive de votre marque. Mais avant de vous lancer, il vous faut répondre à plusieurs questions clés telles que : quels sont mes objectifs ? (communiquer, recruter, fidéliser, etc.), quels messages je souhaite transmettre ? Quelle stratégie de contenu (informations *corporate*, sur mes produits, événements, etc.) ? Mais attention, diffuser de l'information n'est cependant pas suffisant. Twitter est en effet un réseau de conversations. Identifiez celles auxquelles vous pouvez légitimement contribuer, au sein desquelles vous pouvez renseigner vos consommateurs et n'hésitez donc pas à engager la discussion avec eux.

Gérer les avis négatifs

Sur Twitter, vous pouvez être confronté à des avis négatifs. Et ce réseau social possède plusieurs spécificités : d'une part, certains internautes pourront vous interpeller directement. D'autre part, une critique, une rumeur ou une mauvaise information peuvent se propager rapidement. Un nombre conséquent de problèmes peuvent être résolus, simplement, en les prenant en compte et en engageant la discussion. Mais sur Twitter, l'anticipation et la réactivité sont des éléments clés. Pour anticiper, il convient de surveiller les conversations sur Twitter grâce à un dispositif de veille. Pour être réactif, il convient d'établir un guide de réponses aux sujets sensibles connus ou critiques récurrentes et de définir un processus de réponse : un tweet négatif est publié, qui le prend en charge ? Quel service élabore la réponse (communication, marketing, juridique, etc.) ?

En étant présent et proactif sur Twitter, vous vous établissez comme une source fiable et crédible. Vous pourrez ainsi légitimement défendre votre e-réputation.

Témoignage de Cyril Paglino :

Aujourd'hui, Twitter est pour moi un formidable outil de « personnel branding », c'est-à-dire de gestion de marque personnelle, d'e-réputation, donc.

Pour ma part, c'est primordial. Ayant fait il y a quatre ans une émission de télévision de divertissement, la majorité des jeunes qui me connaissent ont l'image du jeune qu'ils ont vu, à travers le prisme des caméras.

Or, aujourd'hui chef d'entreprise, il est important pour moi de communiquer autour de mon métier, de mes activités, bref, de mon entreprise, au sens large, afin de la promouvoir et d'en être le premier porte-parole.

Marketing

54

Un professionnel de la communication peut-il ne pas être sur Twitter ?

Nicolas Bordas

Peut-on imaginer qu'un publicitaire ne regarde jamais la télé ou qu'un réalisateur de films n'aille jamais au cinéma ? *A priori*, non. De mon point de vue, un professionnel de la communication, tout comme un expert du marketing, des études d'opinion, ou un journaliste, ne peut plus aujourd'hui faire l'économie d'être présent sur Twitter, même s'il ne souhaite pas investir trop de temps dans cette démarche. Et ce pour plusieurs raisons.

D'abord pour être mieux informé. Twitter est un fil d'information non seulement instantané, mais aussi très ciblé. Même si vous n'êtes pas un gros contributeur sur Twitter, vous pouvez sélectionner les fils les plus intéressants, en France et dans le monde, des leaders d'opinion de votre métier ou des experts dans vos centres d'intérêt, quels qu'ils soient, et disposer ainsi d'une information particulièrement pertinente.

Ensuite parce que Twitter permet au communiquant de vivre en temps réel les réactions de l'opinion, positives et négatives, sur tout type d'événement. De ce point de vue, Twitter est un thermomètre continu de l'opinion, qui contribue à sa cristallisation instantanée et à la sédimentation de la blogosphère. Twitter fonctionne comme un panel d'études permanent, qualitatif et même quantitatif (cf. question 12 sur « Trending Topics »). Mais à la différence des études d'opinion effectuées en chambre par les instituts professionnels, Twitter influence l'opinion, et plus spécifiquement les leaders d'opinion, en commençant par les journalistes, de plus en plus présents et contributeurs.

C'est pourquoi les marques se doivent d'observer ce qui se dit d'elles sur Twitter. Ne serait-ce que pour pouvoir réagir le plus rapidement possible, en cas de problème, et se donner les moyens de circonscrire tout début d'incendie dès le départ. Quand une information négative « on line » sort en « off-line », il est bien souvent trop tard pour pouvoir espérer en limiter la portée. Alors qu'une réaction appropriée via Twitter peut immédiatement limiter les conséquences du problème, ou même transformer le problème en opportunité.

Rien ne fidélise plus un client que d'avoir vu son problème résolu efficacement et rapidement.

55

Comment utiliser Twitter pour les RP digitales ?

Éric Maillard

Pour bien mesurer le rôle fondamental de Twitter dans les RP, rappelons en quoi consistent les relations publiques. Il s'agit de faire relayer par un tiers influenceur, légitime, crédible, libre et indépendant, son actualité ou ses informations. Avec pour objectif ultime de faire naître un bouche à oreille positif qui atteindra ses cibles commerciales.

Historiquement, il s'agissait de transmettre les informations à ces tiers influenceurs, journalistes, experts, décideurs, célébrités au travers de communiqués de presse, événements ou conférences. L'infobésité a changé la donne : plus personne ou presque ne consulte les communiqués de presse, seuls les gros événements incontournables génèrent un intérêt... Il a fallu trouver d'autres voix et Twitter en est une.

Twitter a pour caractéristique de compter parmi ses utilisateurs actifs ces fameux influenceurs, en premier lieu les journalistes mais pas seulement. Suivre en temps réel ce qui intéresse les gens constitue pour les politiques ou les communicants un atout majeur pour choisir les sujets sur lesquels rebondir. Twitter a même fait émerger ses propres influenceurs qui comptent désormais parmi les cibles de tout émetteur d'information.

En 2012, orchestrer une campagne de RP pour une entreprise peut donc se jouer quasiment exclusivement sur Twitter : créer le quart d'heure pendant lequel tout le monde va parler de votre sujet sur le réseau permet de faire émerger une information comme un sujet d'intérêt, intéressant à traiter.

À l'inverse, un sujet traité dans les médias mais provoquant peu de rebonds sur Twitter est soumis à une durée de vie limitée, par manque d'intérêts exprimés.

Bien sûr, toutes les marques ne sont pas égales sur Twitter (ni sur aucun réseau social d'ailleurs). Google, Louis Vuitton ou Grazia détiennent d'emblée un capital d'intérêt supérieur à Unilever, Tipp Ex ou Kia. Pourtant, la force d'innovation dont elles font preuve peut générer suffisamment d'intérêt pour que leur lancement s'opère avec succès sur Twitter.

Dans la pratique quotidienne des RP, Twitter fait gagner beaucoup de temps à tous les professionnels : intégrer en temps réel ce qui fera la une de l'information dans les heures voire les jours qui suivent est possible en quelques minutes. Le réseau est devenu un « focus group » permanent et spontané qui permet beaucoup plus d'agilité dans les sujets proposés au cœur des dispositifs opérationnels RP.

Le croisement des entreprises et marques avec Twitter a poussé à son paroxysme le besoin d'incarnation d'une institution pour réussir : on se parle entre humains, pas entre organisations. La question de l'humain à mettre en avant a d'ailleurs accéléré l'avènement d'un nouveau métier : le

Community Manager qui, plus que l'attaché de presse dans le passé, détient *de facto* le rôle de porte-parole mais dans le format de proximité imposé par l'outil.

L'antithèse des RP est le tweet sponsorisé[56]. Il ignore la dimension libre et indépendante qui fait l'ADN de la discipline. Les débats sur l'intérêt de ce format se posent en termes de publicité, pas de RP.

Mais s'il ne fallait retenir qu'une règle pour réussir son lancement sur Twitter en tant que marque, c'est la nécessité impérieuse d'y proposer un contenu riche, qui raconte une histoire et se construit en interaction avec sa communauté et ses cibles.

56 - Ces messages, apparus sur le site de microblogging en avril 2010, sont postés par les comptes officiels de certaines marques qui achètent ce service à Twitter. Ils apparaissent sous forme de simples tweets mais sont clairement identifiés comme des annonces publicitaires grâce au message jaune « sponsorisé par », *Le Figaro*, février 2012.

56

Comment utiliser Twitter pour promouvoir votre marque ?

Emmanuel Vivier

Twitter est un outil qui, bien que « simple », permet un grand nombre d'utilisations pour les marques. Facilement utilisé en canal de communication ou en outil de support - et nous pouvons prendre pour exemple le compte @airfrancefr qui assiste avec brio et réactivité ses clients -, Twitter permet aussi de promouvoir une marque. Que ce soit sur la présence temporaire d'un camion à sandwich (@kogibbq) ou l'organisation de ventes flash comme la Fnac (@fnacmobi) ou @DellOutlet qui en 2009 a généré 6,5 millions d'euros de ventes.

Quelques conseils pour débuter la promotion de sa marque sur Twitter :

1. Le minimum est de réserver son identifiant (comme @givenchy) même si l'on n'est pas encore prêt à tweeter ; cela évitera le *squatting* mal intentionné ou fortuit (par exemple : @guerlain).

2. Il faut ensuite nommer une personne (a.k.a. Community Manager) ou une équipe pour créer ou sélectionner et publier le contenu sur le compte Twitter de la marque.

Par exemple, Ford a nommé @scottmonty, un responsable du *social media*, qui est le visage et la voix officiels de la marque sur Twitter et tous les réseaux sociaux.

Dans d'autres cas, c'est le PDG qui s'exprime comme @richardbranson (et ses 1,9 million de followers) pour Virgin ou Tony Hsieh pour le site de chaussures Zappos.com.

3. Il est important de bien définir la stratégie éditoriale - les valeurs promues, le type de contenu créé, la partie légale etc. - ainsi que le planning éditorial, c'est-à-dire à quelle fréquence le contenu sera mis à jour, quel type de contenu...

4. Il faut savoir mixer les informations officielles, les promotions, les événements avec des tweets plus légers et personnels.

La clé du succès est de favoriser l'engagement avec sa communauté et de faire vivre l'esprit du Web social, en créant des conversations.

Cela signifie donc poser des questions, répondre aux commentaires et échanger avec ses followers.

En bref, « hu-ma-ni-ser » en remerciant un client, en lui souhaitant un bon anniversaire, comme a pu le faire la marque Dunkin'Donuts.

5. Il faut même éventuellement s'organiser pour répondre de manière très rapide, sept jours sur sept, voire même nuit et week-end compris.

Par exemple, pour @AirFranceFr, depuis la crise autour du prix des billets lors des événements de Fukushima (Japon), la marque a réorganisé ses équipes pour être plus réactive.

57

Comment Twitter peut-il aider à organiser un lancement d'un produit ?

Cédric Giorgi

Que l'on lance sa start-up, un service ou un produit plus matériel, l'approche peut être vue de manière globale et donc s'adresser à une cible bien plus large. Voici donc quelques étapes clés dans la préparation d'un lancement :

1. Twitter est un support de communication qui va s'inscrire dans un plan de lancement plus global. Il ne se suffit pas à lui-même.

2. Pour bien préparer son lancement, il faut s'intégrer à la communauté qui vous intéresse, le plus en amont possible. Soit avec le compte dédié au projet que vous allez lancer (votre start-up, votre nouveau produit, votre entreprise), soit avec votre compte personnel.

   a. Suivez des influenceurs de cette communauté.
   b. Trouvez des personnes qui parlent de votre thématique.
   c. Échangez avec ces personnes : répondez, retweetez.
   d. Produisez du contenu pertinent quant à la thématique.

3. Comme pour tout lancement, préparez votre plan de communication.

a. Une phase de teasing[57] douce.
b. Une courte phase de teasing très forte avant le lancement.
c. Le lancement. Activez tous les réseaux, n'hésitez pas à demander en direct quelques relais (par des personnes qui vous connaissent car vous aurez échangé avec eux depuis quelque temps).
d. L'après-lancement. Continuez les publications, variez le style, le format, etc.

Quelques points clés à respecter pour finir :

- Ne suivez pas en masse. Jamais.
- Essayez de respecter *a minima* un ratio 1/1 entre vos followers et vos following.
- La recherche Twitter est votre meilleur ami. Vraiment.
- Personnalisez au maximum vos tweets. Trouvez votre style.
- Soyez patient, un lancement, ça se prépare et les effets prennent du temps.

57 - Le teasing est une technique de vente, qui interpelle le public par un message énigmatique pour l'intéresser à la suite de l'action de communication.

58

Quel est le top 5 des événements sur Twitter ?

Antoine Lagadec

L'instantanéité et la viralité qu'offre Twitter ont donné lieu à des événements marquants sur la plate-forme de microblogging. Marquants par leur valeur symbolique, ou par le nombre de tweets par seconde (valeur centrale utilisée pour évaluer l'importance d'un événement sur Twitter), voici le top 5 des événements qui ont généré le plus de tweets par seconde[58] :

5 — L'arrivée de tous les grands responsables politiques sur Twitter, Barack Obama, Nicolas Sarkozy, les candidats aux élections présidentielles (française et américaine), 2011, a marqué un tournant dans la sphère politique en faisant de Twitter un outil à part entière de la communication des dirigeants. Le réseau démontre en outre qu'il faut savoir en maîtriser les arcanes pour éviter quelques gaffes, comme l'ont appris à leurs dépens Nadine Morano ou Éric Besson.

4 — L'ouverture du compte @oldmansearch sur lequel un homme a fait croire à son père de 82 ans que Twitter était un outil pour effectuer des recherches sur Google. Résultat : plus de 200 000 followers, preuve de l'inventivité des

58 - Source : Mashable - http://goo.gl/vCnP6

internautes et de l'humour qui peut aussi régner sur le réseau social.

3 — Le tremblement de terre et le tsunami du Japon. 5 530 tweets par seconde le 14 mars 2011. Beaucoup d'informations ont transité par la plateforme Twitter dans les premières heures, en raison de l'absence d'images et de la destruction des réseaux de communication.

2 — La mort d'Oussama Ben Laden. 5 106 tweets par seconde le 1er mai 2011. Twitter s'est fait l'écho de cet événement mondial, en particulier aux États-Unis où les internautes sont plus prompts à poster leur sentiment sur l'actualité.

1 — Beyoncé, pour deux raisons. L'ouverture de son compte d'abord : la chanteuse totalise près de 3,5 millions de followers et n'a jamais tweeté. La révélation de son futur bébé aux MTV Music Awards ensuite : il s'agit de l'événement le plus relayé sur la plate-forme : 8 868 tweets par seconde le 28 août 2011.

Live-tweet

59

Qu'est-ce que le live-tweet ?

Fanny Berrebi

Le live-tweet est le fait de publier des messages en temps réel sur Twitter au sujet d'un « événement », en utilisant un ordinateur (portable ou fixe), une tablette ou un smartphone.

Pour le grand public, le live-tweet concerne essentiellement les émissions de télévision (on parle de télévision sociale[59]) ; imaginez une soirée télé avec des copains, du popcorn et des commentaires acerbes, mais sans les copains (pour le popcorn, c'est vous qui voyez). Mais on peut aussi live-tweeter une conférence, un séminaire, un salon, une soirée, un match de football, un rendez-vous galant (ce n'est pas très correct mais ça s'est fait), etc. Tout est possible.

En général, le live-tweeting s'accompagne d'un hashtag, généralement défini à l'avance et utilisé par l'ensemble des tweeteurs concernés. Ainsi, pour reprendre l'exemple de la télévision, beaucoup d'émissions ont désormais leur hashtag officiel. C'est le cas notamment de #TPMP pour « Touche pas à mon poste », #CI pour « Confessions intimes », #Topchef pour l'émission culinaire de M6 ou encore de #KL pour « Koh-Lanta ».

59 - Allez jeter un oeil à http://devantlatele.com/et http://tvcheck.com/fr/

Dans un autre registre, en cliquant sur #DigitalParis, vous accéderez à tous les tweets concernant le congrès Digital Paris sur l'e-commerce, le mobile marketing et les médias sociaux. En cliquant sur #JeepPuzzle, vous saurez tout ou presque de ce qui s'est dit sur la campagne de publicité et l'opération marketing de Jeep.

60

À quoi ça sert, un live-tweet ?

Fanny Berrebi

Selon qu'on est l'organisateur d'un événement ou un live-tweeteur, le live-tweet n'a pas le même intérêt. Voici un petit tour d'horizon qui vous permettra d'y voir plus clair :

Je suis l'organisateur d'un événement

Je vais essayer de faire en sorte qu'il y ait du live-tweet car cela va me permettre :

1. D'avoir un retour en temps réel de ce que les gens pensent de mon événement. Ce qui peut me permettre de créer une interactivité en répondant en direct, par exemple, ou en affichant un mur de tweets.

2. Faire du buzz autour de mon événement grâce au hashtag. Ainsi, pourrais-je espérer atteindre le statut tant convoité de trending topic.

3. Savoir qui est présent et qui s'intéresse à mon événement de loin, et ainsi, élargir mon réseau. Je peux aller à leur rencontre sur place, les suivre, leur répondre, faire en sorte qu'ils suivent mon compte et ainsi les tenir au courant des prochains événements...

4. Récupérer des statistiques sur l'impact de mon événement en regardant le hashtag, le

nombre de tweets et le nombre de followers par participant.

En tant qu'organisateur je mets en place mon hashtag #monevenement et je le communique aux (futurs) participants.

Je ne suis pas l'organisateur de l'événement. J'appartiens à la catégorie des live-tweeteurs

Un live-tweeteur est un être fourbe et inquiétant, qui peut dire ce qu'il veut dans le secret de sa chambre. Il peut m'aimer follement et me le faire savoir, mais il peut aussi me faire du mal. Le live-tweeteur répond, globalement, à 2 profils :

- **Le tweeteur à caractère informatif :** en général, il poste essentiellement de l'information… Il y a fort à parier que son live-tweeting s'accommodera de relayer l'événement au fur et à mesure de son déroulement. C'est un live-tweeting aimable, pratique et courant.

- **Le tweeteur d'opinion :** celui-là poste ses humeurs, ses envies, ses pensées, ses points de vue et ses mésaventures… Son live-tweeting risque d'être plus incisif, plus drôle, plus « à chaud », peut-être parfois moins compréhensible pour les personnes qui ne sont pas sur place ou ne regardent pas le même programme, mais aussi plus dangereux…

Dans tous les cas, le live-tweeteur verra un intérêt :

- Il est un support d'information (un magazine jeunesse qui regarde la « Nouvelle Star » ou un blogueur expert qui assiste à une conférence), il souhaite partager ses découvertes.

• Au même titre que l'organisateur, il y voit un moyen d'élargir son réseau, d'augmenter le nombre de ses followers, que ce soit grâce à la qualité des informations transmises, l'humour ou la pertinence de ses réflexions.

• Il souhaite s'inscrire dans le « top of mind » des gens sur un sujet, une problématique (je suis la reine du jeu de mots, la spécialiste de la musique afro-caribéenne, *Social Media Guru*...)

• Parfois, il a juste envie de ne pas être seul, car les programmes télé ne sont pas toujours très intéressants et il les trouve beaucoup plus amusants lorsqu'il peut s'en moquer avec ses amis.

61

Comment faire un bon live-tweet ?

Fanny Berrebi

On ne peut pas vraiment dire qu'il y a des bons et des mauvais live-tweeting. Chacun a son style et fait un peu comme il le sent. Mais si vous voulez sortir du lot, il y a quelques bonnes pratiques à suivre :

1. **Préparez votre live-tweet.** S'il s'agit d'un match de rugby, par exemple, récupérez la liste des joueurs des deux équipes, renseignez-vous sur les anciennes rencontres... S'il s'agit d'un événement, consultez en amont le programme et préparez quelques tweets standards (« au tour de Un tel de prendre la parole sur... »).

NB : Il est également convenu qu'un bon live-tweet n'a rien à voir avec la connaissance ou non d'un secteur, bien au contraire la méconnaissance peut aussi être source d'échanges.

2. **Utilisez de préférence un client Twitter** (cf. question 44) et organisez des colonnes avec au minimum la colonne « réponses », une colonne regroupant tous les tweets liés au hashtag pour pouvoir rebondir et la colonne « messages privés » (si vous écrivez une bêtise). C'est bien plus pratique qu'avec la version Web de Twitter.

3. **Tweetez en (beaucoup) moins de 140 caractères** pour pouvoir être repris facilement par les autres et faites des phrases chocs !

4. **Soyez rapide :** vous entendez une phrase intéressante ? Tweetez-la avant qu'elle ne soit terminée pour être le premier à le faire (n'oubliez pas les guillemets, la mention de l'auteur et un commentaire s'il vous reste de la place). Vous n'avez pas eu le temps d'évoquer un point, retweetez le message d'un autre live-tweeteur (mais n'en abusez pas).

5. **Gardez le même rythme du début à la fin !** Imaginez que vous faites un 100 mètres. Aucune pause n'est prévue.

NB : Ce point peut également être challengé car une pause au cours d'un live-tweet peut être source de nouvelles inspirations. De plus, un live-tweet, ça fatigue, donc pour être plus efficace, parfois, la pause s'impose.

6. **Interagissez** avec les autres live-tweeteurs et réagissez à certains de leurs tweets.

7. **Restez vous-même**, n'en faites pas trop même si l'humour est apprécié dans ce genre d'exercice.

62

Le live-tweeting de matchs : comment l'esprit sportif peut-il se retrouver et se partager sur Twitter ?

Malika Céladon

Pour suivre un match ou une compétition sportive (foot, tennis, rugby, natation, etc.) sur Twitter, le plus simple est d'utiliser la fonction recherche de Twitter avec le nom de votre équipe ou son acronyme (par exemple, Olympique de Marseille = OM). Vous allez pouvoir retrouver toutes les personnes qui citent ces mots et donc vous abonner à celles ou ceux qui vous plaisent le plus.

Vous pouvez également utiliser et faire une recherche directe avec le hashtag du match en question. La contrainte de Twitter étant 140 caractères, comme vous le savez déjà probablement, il s'agit donc d'avoir un hashtag qui prend le moins de place possible. La pratique veut que l'on utilise soit les trois premières lettres de chaque équipe en respectant l'ordre de l'équipe qui reçoit puis celle qui est reçue. Par exemple, vous voulez suivre le match France-Irlande : #FraIrl. Vous pouvez retrouver également les acronymes au lieu des trois premières lettres. Par exemple, vous souhaitez suivre ou participer au LT de l'Olympique lyonnais-Paris Saint-Germain : #OLPSG.

L'un des avantages certains du live-tweeting est que vous pouvez choisir le type de commentaires que vous souhaitez lire dans votre fil d'actualité. Du plus drôle au plus sarcastique, en passant par le plus expert tactique et le vrai supporter qui écrit en majuscule pour exprimer sa ferveur. Certains tweeteurs sont passés maître dans cet art, et cela vous permet de ne pas subir certains commentateurs télévisuels ou tout simplement de suivre votre match sans pouvoir avoir la télévision.

Le plus important, selon moi, c'est qu'il ne faut pas hésiter à interagir. Le live-tweeting d'un match est un moment de partage et de rencontre. Donnez votre avis, commentez, interagissez avec vos following ou vos followers et tous ceux qui s'intéressent au même événement sportif (qu'on peut retrouver via le hashtag utilisé). Vous serez surpris de voir que vous n'êtes pas seul à vous enthousiasmer ou à vous indigner, en restant fair-play, bien sûr.

Ressources humaines

63

Peut-on recruter sur Twitter ?

Céline Lappas

Je travaille dans le domaine des ressources humaines et Twitter est progressivement devenu incontournable pour moi. Recruter sur Twitter est tout à fait possible, je l'ai déjà expérimenté, mais cela ne se fait pas du jour au lendemain. Il peut être d'ailleurs difficile au début de commencer à prendre la parole sur un service dont on ne maîtrise pas encore les codes.

Je vois trois étapes clés à suivre afin de pouvoir recruter facilement sur Twitter.

La veille avant tout

Tout d'abord, commencez par apprivoiser Twitter en l'utilisant comme **un outil de veille s**ur les sujets qui vous intéressent et en trouvant les personnes à suivre qui partagent les mêmes centres d'intérêt (cf. question 51). Il y a une communauté RH très active sur Twitter, composée de blogueurs, de consultants, de DRH, de journalistes et d'étudiants en ressources humaines.

Se rendre visible

Une fois que vous avez pris l'habitude de veiller et de maîtriser les codes de Twitter, passez à la deuxième étape. **Prenez la parole, engagez-vous et participez aux conversations.**

Si votre objectif est, à terme, de pouvoir recruter sur Twitter, vous devez vous rendre visible et parler de votre entreprise, dans votre biographie, puis en répondant et en engageant des conversations.

Vous devez également aller au-delà de la simple relation virtuelle, en participant à des événements, relayés sur Twitter. Par exemple, les Apéros RH[60] permettent de faire se rencontrer, dans différentes villes en France, dans un cadre convivial et informel, toutes les personnes qui s'intéressent aux nouvelles pratiques RH. Ainsi, en participant à ces événements, vous pouvez nouer des relations réelles qui vont faciliter vos échanges sur Twitter et construire votre propre communauté d'intérêt.

De plus, n'hésitez pas alors à poster régulièrement des informations sur votre entreprise afin que vos followers puissent les faire suivre à leur propre réseau, les commenter et donc en quelque sorte faire vivre votre « marque employeur » (cf. question 66).

Recruter

Une fois que vous avez construit votre communauté et que vous partagez régulièrement des informations sur votre entreprise, vous pouvez commencer à recruter sur **Twitter** !

N'hésitez pas à tweeter vos offres d'emploi, et ce même plusieurs fois dans la journée ou dans la semaine. Les informations étant diffusées de façon très rapide sur Twitter, un tweet noyé dans la masse peut passer inaperçu. Il est donc parfois

60 - http://www/AperoRH.com/et @AperoRH

utile de tweeter cinq ou six fois la même offre d'emploi. N'oubliez pas de mettre des hashtags comme par exemple #job #recrutement #rh #emploi accolés à votre annonce afin de rendre celle-ci plus visible.

Pour postuler, vous pouvez diriger les candidats vers votre site carrière en insérant un lien dans votre tweet, ou bien leur demander de vous contacter directement via Twitter.

Si vous cherchez à recruter des jeunes diplômés ou des étudiants pour des stages et des contrats d'apprentissage, entrez en contact sur Twitter avec les écoles et universités qui ont des comptes dédiés aux relations entreprises.

Enfin n'oubliez cependant pas que parfois les recruteurs peuvent être en avance par rapport à certains candidats sur l'usage des réseaux sociaux. Il est peu probable qu'une annonce sur Twitter concernant un poste en comptabilité ait, pour le moment, le même impact qu'une annonce concernant un poste en Community Management ou en marketing. Ainsi, diffusez en priorité les offres d'emploi qui peuvent toucher les « communautés » les plus présentes sur Twitter - qui sont en général très liées au domaine du Web, de la communication et du marketing.

Recruter sur Twitter est donc tout à fait possible, mais il n'est pas question de diffuser uniquement et de façon massive des offres d'emploi. Prenez le temps de nouer des relations afin de construire votre communauté de followers, parlez de votre entreprise, faites vivre votre marque employeur et pour cela essayez d'engager également vos collègues, salariés, voire même votre DG sur Twitter !

64

Comment puis-je trouver un job grâce à Twitter ?

Julie Bessonie

Rien ne sert de tweeter, il faut s'engager à point. Je crois que l'expression « réseau social » n'a jamais pris autant son sens que le jour où ce tweet est passé sur ma timeline. Non pas que j'ignorais la puissance des réseaux sociaux à ce moment-là, mais j'étais loin de m'imaginer que Twitter allait être ma porte d'entrée pour mon nouveau travail.

S'il faut bien retenir une chose de ces nouveaux modes de communication et d'information c'est bien la notion de réseau. Celui qui permet de tisser du lien entre les individus, qui mène à l'échange et au partage. Je garde en tête cette expression de @CyrilHijar que je reprends souvent à mon

ui résume très bien cette notion de
partage crée la richesse ».

a les réseaux sociaux, et plus particuliè-
reme… vitter, ne doit pas seulement consister à tweeter son CV plusieurs fois par jour. D'ailleurs, je ne l'ai jamais fait et je doute de l'efficacité de cette technique.

Il faut que cela ait du sens, que vous puissiez vous appuyer sur du concret, sur des personnes avec lesquelles vous avez déjà échangé ou (et c'est mieux) que vous connaissez déjà. Des personnes qui auront pris connaissance de votre projet professionnel et qui, le jour où une opportunité se présente, auront le réflexe de vous aider, comme ça a été le cas pour ma part. Je serais certainement passée à côté de ce tweet, un dimanche (cf. capture d'écran précédente) si je n'avais pas auparavant pris le temps, IRL (In Real Life), de faire connaissance avec @Anne_Agathe.

Twitter est un puissant réseau d'entraide mais il vous sera inutile si vous ne vous impliquez pas et si vous restez muet. L'engagement en est la clé. Cultivez votre capital social en toute humilité et des portes s'ouvriront.

65

Comment puis-je trouver des candidats à recruter sur Twitter ?

Jacques Froissant

Twitter peut être une caisse de résonance pour des offres d'emploi ou une marque employeur, mais il faut être patient et bâtir. Par exemple, dans un cabinet de recrutement comme Altaide, nous avons régulièrement des offres d'emploi retweetées plus de cinquante fois, mais nous avons plus de cinq ans d'antériorité et une communauté importante.

Il faut donc être conscient d'une chose, vous ne recruterez sur Twitter que si vous avez développé une communauté ou si vous êtes reconnu dans une communauté active.

L'erreur classique est de créer un compte uniquement destiné à poster vos offres d'emploi. Cela présente peu d'intérêt pour un candidat de les suivre d'autant plus quand vous proposez des postes très différents.

Alors quel est le secret ?

La base, c'est de s'insérer dans une communauté qui sera motivée à relayer vos tweets. Et là, c'est d'abord la qualité du contenu qui prime. En gros, pour être « influent » sur Twitter, il faut être une très bonne gare de triage des informations que vous trouvez intéressantes sur le Web. Ce partage peut venir de votre propre production (blog, site, événements, présence salons, etc.) ou de contenus que vous souhaitez relayer pour leur intérêt. Garder une ligne éditoriale constante et claire est indispensable. Un compte Twitter généraliste ou sortant souvent du cadre aura plus de mal à sortir du lot.

Si on regarde ce qui fonctionne bien comme approche, on dégage trois types de comptes :

- L'approche conseil aux candidats (par exemple @CareersSocGen) : beaucoup d'informations et de conseils tournés vers les candidats potentiels en particulier. L'objectif, là, est de développer un capital sympathie et d'amener les followers sur le site carrière de la Société Générale. Cette approche conseil, vous pouvez la décliner sur des sujets liés à votre métier.

- L'approche écosystème (par exemple @ Altaide_JF) : centré sur un secteur d'activité avec beaucoup de retweets et de partages d'articles issus de la presse. Des prises de position, du live-tweeting d'événements, et un peu de hors cadre (photos, passion, etc.) en font un compte vivant et influent. Au milieu de ce flux des offres d'emploi que la communauté relaie d'autant plus facilement que l'expertise est reconnue, le capital sympathie généré est fort.

- L'approche expert (par exemple @Valtech-Techno) : ici l'idée est de partager du savoir-faire pointu. Par exemple : développement informatique, marketing e-commerce, droit social, etc. On est entre spécialistes qui parlent le même langage, pas de place pour autre chose. Le pro et rien que le pro. Les offres d'emploi que vous y glissez avec parcimonie doivent strictement être en phase avec la cible. Pas de poste marketing au milieu d'un compte orienté développeurs par exemple.

Enfin dernier conseil : ne restez pas derrière votre écran. Allez régulièrement à la rencontre de vos followers, au cours de rencontres réelles.

66

Comment développer sa marque employeur sur Twitter ?

Guillaume Coudert

Vaste question ! Pour y répondre, commençons d'abord par définir la notion de « marque employeur ».

Qu'est-ce que la marque employeur ?

Pour être très synthétique, il s'agit de la perception que les individus (étudiants, jeunes diplômés salariés, etc.) ont d'une entreprise en tant qu'employeur. Entrent donc en considération différents éléments comme la politique RH, la culture ou encore l'ambiance régnant au sein de l'organisation.

Comment la développer ?

Pour accroître sa notoriété, l'entreprise dispose d'un certain nombre d'outils que je scinderais en deux parties :

- Les outils événementiels : forums, événements écoles, etc.
- Les outils virtuels : médias sociaux (dont Twitter, dont nous allons parler) et Web au sens large.

Dans la galaxie des médias sociaux, Twitter permet un certain nombre d'actions dont voici, à mon sens, les plus pertinentes dans le cadre de notre sujet :

- Mesurer sa « e-réputation », c'est-à-dire ce que les individus disent de l'entreprise sur le Web (cf. question 53).

- Relayer de l'information à différentes cibles sur les métiers de l'entreprise par exemple ;

- Diffuser des offres d'emploi à l'aide de comptes segmentés (jobs ingénieurs/jobs commerciaux, etc.).

- Profiter de la « viralité », c'est-à-dire de la portée qu'un message diffusé peut obtenir sur Twitter et les autres médias sociaux.

- Effectuer un travail de veille sur ce que ses concurrents engagent comme actions de marque employeur.

- Identifier les spécialistes de différentes problématiques que connaît l'entreprise pour constituer un vivier d'experts potentiellement embauchables.

En conclusion, Twitter permettra à l'entreprise de bénéficier d'une image jeune et dans l'ère du temps, ce qui m'amène un dernier conseil : usez et abusez-en !

67

En quoi Twitter est intéressant pour un chercheur d'emploi ?

Marie-Pierre Fleury

Penser se faire recruter uniquement en ligne via Twitter est illusoire.

En revanche, Twitter offre de multiples opportunités pour :

- Recueillir des offres d'emploi communiquées en temps réel par des comptes d'entreprises, des cabinets de recrutement, de la presse emploi ou des sites d'emploi.
- Identifier des offres d'emploi tweetées par des responsables, des collaborateurs « ambassadeurs » ou des Community Managers d'entreprises, et qui ne feront pas l'objet d'annonces sur les sites d'emploi.

Didier BAICHERE @dbaichere 20 Mars
Je cherche un responsable #RH généraliste et expérimenté pour #Toulouse merci de RT ou DM si besoin infos cc @drhlogicafrance

- Repérer des entreprises ou des secteurs qui communiquent sur leurs projets et leurs réalisations, potentiellement en recherche de nouvelles compétences.
- Se faire repérer par son expertise, et aussi par ses compétences relationnelles, par un recruteur ou le collaborateur d'une entreprise.

- Interagir avec des décideurs, des recruteurs, des professionnels et initier une relation débouchant sur des informations ou des opportunités d'emploi.

En outre, Twitter présente des particularités à forte valeur ajoutée pour la recherche d'emploi et pour l'expérience du candidat :

- **Le temps réel** qui favorise la réactivité et une plus grande fraîcheur des informations.

- Les conversations synchrones **ou asynchrones**, certes courtes en 140 caractères mais suffisantes pour créer un premier point de contact, à transformer en échanges plus exhaustifs par un entretien téléphonique, une visioconférence ou une rencontre IRL.

- Des démarches de sourcing[61] **de candidats ou de recrutement innovantes**, voire expérimentales, de la part des entreprises. Elles permettent potentiellement de valoriser votre profil sur des éléments nouveaux par rapport à l'envoi d'un CV ou un profil social.

La dynamique relationnelle de Twitter permet par ailleurs de rompre l'isolement du chercheur d'emploi.

---

61 - Le « sourcing » est un terme utilisé en gestion des ressources humaines pour décrire un processus, qui a pour objectif d'identifier des candidats correspondant aux profils recherchés.

68

Comment tirer profit de Twitter quand on est un chercheur d'emploi ?

Marie-Pierre Fleury

Si vous recherchez un emploi et que vous envisagez d'utiliser ou utilisez déjà Twitter, voici cinq principaux points auxquels il faut faire attention :

Le profil Twitter

Le profil doit être professionnel et engageant. Il doit permettre d'identifier clairement les domaines d'expertises de la personne et donner envie de le suivre.

Donner un nom et un visage humanise le compte. La visibilité et la réputation reposent sur vos contributions. La mention du statut « en recherche d'emploi » n'est pas utile dans la présentation de votre profil, les échanges personnalisés donneront l'opportunité de le préciser à vos interlocuteurs.

Les following

Le moteur de recherche par hashtags (#finance ; #déchets ; #webmarketing ; etc.) permet d'identifier les comptes individuels ou d'entreprises à cibler, en synergie avec ses domaines professionnels.

Pour les offres d'emploi, les comptes des recruteurs, de la presse emploi et des entreprises peuvent être suivis.

Pour mieux cibler les annonces qui défilent en continu, faire une recherche de tweets sur les hashtags #emploi ou #job, complétés de vos domaines de spécialités, est plus efficace.

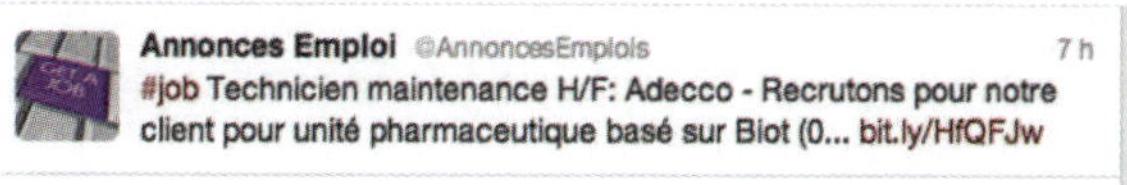

Après quelque temps sur Twitter, vous repérerez les comptes de personnes qualifiées d'« influenceurs » dans vos environnements professionnels, en d'autres termes, les personnes qui comptent sont écoutées et entendues.

Les followers

Votre expertise et vos prises de parole vont aussi conduire d'autres comptes individuels ou *corporate* à s'abonner à votre fil d'actualité. S'ils communiquent et interagissent sur vos sujets ou centres d'intérêts professionnels et personnels, abonnez-vous à eux en retour, si vous le souhaitez.

Les actions et surtout les interactions

Twitter est un des médias sociaux les plus interactifs. Rendre visible ses expertises et se faire repérer nécessitent de concentrer les prises de parole et les interactions sur les domaines d'expertises et d'actions.

Partager les informations d'une veille thématique ou de sa propre actualité (par exemple, sa présence à une conférence) et engager un échange sur les informations tweetées par d'autres sont les principales activités à développer pour animer vos relations et les renforcer.

Dans tous les cas, ne tweetez pas en boucle « Je recherche un emploi de..., please RT ».

Le temps passé sur Twitter

Par la dynamique des échanges et leur instantanéité, Twitter est une plateforme attractive, conviviale mais également consommatrice de temps. Comme pour chacun de vos dispositifs de recherche d'emploi, vous devez définir les objectifs de votre présence et le temps optimal à y consacrer (ratio temps/apports). L'expérimentation et l'analyse des apports de Twitter pour la recherche d'emploi permettent d'ajuster la tactique.

Une présence sur Twitter est complémentaire à celle développée sur un réseau social professionnel comme LinkedIn ou Viadeo. Les relations initiées via Twitter, renforcées par les conversations et les rencontres IRL qui les prolongent, permettent de renforcer le réseau relationnel construit sur les autres plateformes présentant des modalités et des activités différentes.

Comme toute démarche réseau, mieux vaut initier votre présence sur Twitter avant d'être en recherche d'emploi afin de pouvoir vous appuyer, le moment venu, sur le potentiel d'informations, de prescriptions et de recommandations de contacts qualifiés.

69

Comment un cabinet de recrutement utilise Twitter ?

Réjane Locatelli

Twitter est un élément indispensable dans la construction de son e-réputation tant pour les cabinets de recrutement que les candidats. Élaborer une stratégie et une ligne de conduite devient donc primordial afin de rendre cette visibilité performante et cohérente par rapport au métier à proprement parler. Mais comment cela se traduit-il ?

Il faut proposer une approche fidèle aux valeurs d'un cabinet à travers trois axes d'approche :

- Le cabinet, une marque à positionner : cet espace de microblogging doit se faire écho de la maîtrise du marché et révéler la légitimité de cette prise de parole. Pour cela, un compte de cabinet de recrutement doit être le relais d'actualité du secteur ou du cabinet lui-même, des réflexions sur l'évolution dans le domaine des ressources humaines, etc.

- Un lieu d'échange entre professionnels : Twitter offre un espace d'interactions avec des acteurs issus de l'univers du recrutement. Certaines précautions sont toutefois à prendre en compte. Il ne faut en aucun cas aborder ces discussions en pensant posséder une vérité absolue, mais l'échange et le partage d'idées doivent être au cœur de ces interactions.

• Le partage d'annonces et la chasse de nouveaux talents : il ne se passe pas un seul jour sans qu'un article ne paraisse pour vanter les mérites de Twitter en matière de recrutement : la viralité d'une annonce est très importante grâce aux retweets.

> **Morgan McKinley FR** @MorganMcKinley_ 27 Déc
> Recrute un Directeur Communication Europe (H/F)
> morganmckinley.fr/job/im-dc-2012... #Communication #Emploi

À l'image de Morgan McKinley, de nombreuses annonces sont postées sur le compte du cabinet et ces tweets permettent d'augmenter la visibilité de l'offre ainsi que de répondre aux éventuelles questions des candidats. Véritable territoire d'expression libre tant pour les candidats, les clients que le cabinet, ces échanges représentent une exposition majeure pour la marque, mais c'est néanmoins un risque qu'ils ont souhaité prendre, considérant ce risque comme un moyen de se challenger et s'inscrire dans une logique d'amélioration permanente.

De plus, espace de plus en plus apprécié par les candidats pour leur recherche d'emploi, il permet d'entrer en contact avec de nouveaux profils. Pour le cabinet lui-même, Twitter représente un nouvel outil pour la chasse.

> **Morgan McKinley FR** @MorganMcKinley_ 26 Janv
> @Noemiedsj bonsoir, je vous invite à répondre à l'offre directement sur le site cela sera plus simple.
> En réponse à De Saint Jores

Twitter est donc un outil très performant dans la gestion de l'image de marque et dans le fonctionnement même du métier de « recruteur ». Cependant, même s'il possède de nombreux atouts, il ne peut en aucun cas vivre seul et doit impérativement s'accompagner d'autres moyens de communication.

Vendre, support et relation client

70

Comment utiliser Twitter pour faire du e-commerce ?

Benoît Gaillat

Pour faire du e-commerce sur Twitter, il n'y a pas de miracle, il faut développer et stimuler une communauté importante de followers et l'animer régulièrement.

Pour animer votre communauté, vous pouvez utiliser tous les arguments commerciaux de votre site : bons de réduction exclusifs, ventes flash, annonces sur les nouveaux produits, les retours en stock et les ruptures des produits phares. C'est un très bon moyen de trouver régulièrement du contenu et de créer des liens vers votre site e-commerce : plus votre offre et vos promotions seront attractives, plus vous allez être retweeté et plus votre notoriété va augmenter.

Vous pouvez également en profiter pour offrir une relation plus personnelle avec votre site e-commerce et raconter votre parcours d'entrepreneur : préparation des commandes, nouvelles marques à venir, messages de félicitations reçus, problèmes résolus, etc.

Bien sûr, pour augmenter le nombre de vos followers, vous devez mettre en place une stratégie pour les recruter sur l'ensemble de votre site e-commerce. Pour cela, vous pouvez bien sûr intégrer les boutons Twitter sur l'ensemble de votre site, et notamment les fiches produits, cela favorise le partage en toute simplicité. Vous pouvez également faire la promotion de votre flux Twitter sur votre homepage, dans votre newsletter et sur votre blog si vous en possédez un.

Pour recruter un maximum de followers, il faut que votre compte Twitter soit le plus visible possible et que vous expliquiez l'intérêt pour vos internautes de vous suivre (infos exclusives, promotions, etc.). Cela demande donc de l'organisation et un minimum de stratégie pour se différencier des milliers de comptes existants.

Le rythme de publication est également important, Twitter peut être fortement consommateur de temps mais il est nécessaire de publier au moins une fois par jour un message et voir, si possible, au moins deux ou trois chaque jour pour affirmer votre présence.

Voici un bon exemple d'animation d'un flux Twitter pour e-commerçant : des annonces, des nouveautés, un petit jeu de devinette et surtout des réponses aux réactions des internautes qui interagissent avec la marque.

71

Comment un site de lingerie utilise Twitter ?

Samuel Galoo,
pour VSLingerie.FR

VSLingerie.FR est un site spécialisé en lingerie et maillots de bain, bonnets profonds (du bonnet C au bonnet K). Là où en boutique physique vous n'avez que rarement le choix lorsque vous portez un bonnet profond, chez VSLingerie.FR, non seulement vous avez l'embarras du choix mais en plus, tous les produits sont en stock (plus de 11 000 pièces en stock) et livrables en 24 heures à 48 heures.

VSLingerie.FR est présent sur les réseaux sociaux, et notamment sur Twitter (@vslingerie), depuis la création du site en 2009 dans une optique de fidélisation. L'instantanéité de Twitter permet aux inconditionnelles du site d'être prévenues en temps réel à chaque mise en ligne d'un nouveau produit, et d'être en quelque sorte privilégiées par rapport aux autres clientes qui ne seront averties par mail que quelques jours plus tard. Donc en synchronisant Twitter avec notre site, nous donnons la possibilité à qui le veut d'être informé de nos nouveautés ce qui améliore l'expérience client.

La réactivité d'un e-commerçant est également plus facile à maîtriser avec un message de 140 signes qu'avec la lourdeur d'un e-mailing (création, tests de délivrabilité, etc.). On est « en direct » avec les destinataires, alors qu'avec l'e-mailing, chez certains FAI (fournisseur d'accès à Internet) comme Gmail, on est presque certain de partir en spam.

Nous avons mis en avant les réseaux sociaux sur notre site et nous avons fait le choix de ne pas dépenser de budget publicitaire en recrutement de followers, tout simplement parce que nous avons une vision ROIliste[62] et que pour nous, Twitter est un support de fidélisation et non de conquête de nouveaux clients.

---

62 - ROI signifie « Return On Investment » : retour sur investissement.

72

Peut-on vendre sur Twitter ?

Benoît Gaillat

Vendre sur Twitter est une préoccupation de nombreux e-commerçants, des plus petits aux plus gros. Si aujourd'hui il n'est pas encore possible d'ouvrir une boutique Twitter de la même façon que l'on ouvre une boutique Facebook, il est néanmoins possible de faire la promotion de ses produits et de ses opérations commerciales sur Twitter.

On utilise donc davantage Twitter pour communiquer que pour vendre réellement à l'heure actuelle, mais avec une bonne communauté, il est possible de générer beaucoup de trafic vers une boutique e-commerce. Cela demande néanmoins beaucoup de travail pour construire votre communauté, la faire vivre et apporter une réelle valeur ajoutée pour les internautes.

Il va falloir en effet inciter les internautes à vous trouver parmi les milliers de twitteurs et à s'abonner à vos tweets.

Plutôt que vendre directement sur Twitter, certaines marques, comme la boutique Dell Outlet, s'en servent pour créer du trafic sur leur boutique en ligne. La boutique de Dell, avec son système d'offres limitées, avait ainsi généré plus de 3 millions d'euros de CA depuis son compte Twitter en 2009.

Le concept est simple mais efficace : mettre en vente des lots d'ordinateurs Dell reconditionnés mais à prix réduit. Les quantités sont forcément limitées et il faut donc être le premier à arriver sur le site pour en profiter, c'est une bonne raison pour suivre les tweets du Dell Outlet. Aucun chiffre n'a été publié sur cette boutique depuis 2009 mais le compte Twitter est toujours très actif.

Twitter a néanmoins amorcé une timide approche avec le e-commerce depuis quelques semaines car nous avons pu apercevoir que certains tests étaient en cours entre Twitter et Amazon en affichant les informations produites directement dans le flux Twitter.

Pour le moment, cette intégration n'est possible qu'avec les produits du site Amazon.com mais il y a fort à parier que le système sera généralisé dans les années à venir et pourrait être une source de trafic intéressante pour tous les e-commerçants disposant déjà d'une bonne base d'abonnés.

Cela pourrait être une bonne source de revenus pour Twitter également, et concurrencer peut-être un jour Google Adwords ? Il est donc essentiel de développer dès maintenant une interaction entre votre site e-commerce et Twitter.

73

Comment bien gérer sa relation client via Twitter ?

Camille Jourdain

Aujourd'hui, les internautes consommateurs passent de plus en plus de temps sur Twitter, ils tweetent et échangent avec les e-commerçants qui doivent donc s'adapter à ce nouveau support de communication. Les canaux utilisés jusque-là, téléphone ou courrier postal, sont laissés de côté au profit de canaux moins contraignants comme le SMS et Twitter. Ce dernier apporte des bénéfices intéressants dans la relation client : efficacité, rapidité, instantanéité et accessibilité.

D'abord l'efficacité et la rapidité de l'échange. L'entreprise et le consommateur s'expriment de manière très synthétique, ce qui facilite l'échange et la transmission de l'information. Ensuite, l'instantanéité. Twitter est un réseau d'échanges en temps réel, ce qui veut dire qu'une insatisfaction peut être détectée quasi instantanément. L'entreprise aura tout intérêt à répondre rapidement à un client insatisfait, pour lui donner l'impression d'être traité de manière privilégiée, une réponse qui devient donc un avantage concurrentiel. Enfin, l'accessibilité. Twitter est accessible depuis plusieurs endroits via un ordinateur portable, un téléphone portable ou encore une tablette. Le consommateur peut entrer en contact avec le e-commerçant de n'importe où.

Mettre en place une relation client « One to One » représente un enjeu important sur Twitter, véritable lieu d'échanges en temps réel. Pour bien gérer ces relations, les e-commerçants ont la possibilité de créer un compte Twitter dédié qui est animé par une équipe Relation Client dédiée, elle aussi. Cette équipe choisira de répondre aux questions publiquement ou en privé selon le type de demande. Twitter permet donc de rester en contact de manière privilégiée avec ses clients-followers en répondant à leurs questions instantanément via des messages courts et directs en toute transparence.

Par exemple, voici le compte de Voyages-SNCF qui gère la relation client avec le compte @ Clt_VoyagesSncf. Celui-ci est animé par l'équipe Relation Client qui répond aux followers de 9 heures à 21 heures et 7 jours sur 7. Leurs missions : répondre aux questions des clients et les accompagner dans leurs démarches et les problèmes éventuellement rencontrés pour l'achat de billets, les réservations, etc.

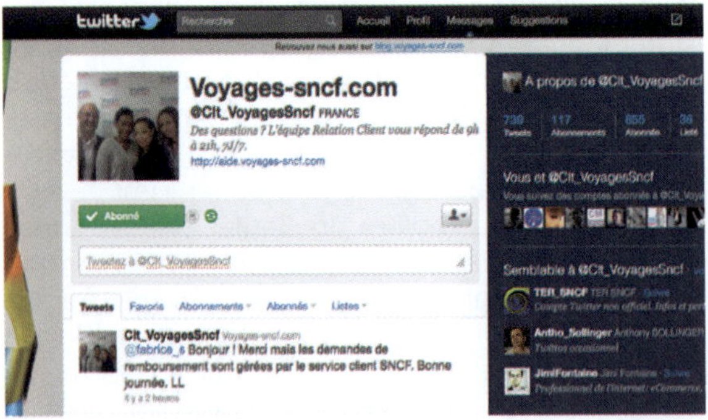

74

Est-ce que Twitter ne serait pas un outil pertinent de recommandation ?

Alexandre Delivet

90 % des Français déclarent faire confiance à leurs amis dans le cadre d'un achat[63] alors qu'ils ne sont que 50 % à 60 % à faire confiance aux différentes formes de publicité. Il n'est donc pas étonnant que les recommandations, c'est-à-dire le fait d'encourager quelqu'un à faire quelque chose, aient pris une aussi grande part d'audience sur les réseaux sociaux.

Au début ce n'est pas forcément évident de se servir de Twitter de cette façon car cela suppose deux prérequis : avoir une audience et surtout prendre l'habitude d'interagir avec elle.

Prenons le domaine des voyages. Plutôt que de vous référer à un guide touristique pas forcément à jour, si vous demandiez l'avis de vos followers ? Imaginons quelques tweets que vous pourriez publier : « Que me conseillez-vous comme destination pour partir en week-end avec ma copine ? », « Quel hôtel recommandez-vous à Rome ? », « Que faut-il absolument visiter lorsque l'on va à Londres ? », « Quel resto recommandez-vous dans le quartier de SoHo à New York ? », etc.

---

63 - http :// influenceursduweb.org/guide-gratuit-reputation/

Vous serez sans doute surpris par la pertinence des réponses que vous obtiendrez !

À titre d'exemple, j'ai demandé des conseils à mes followers sur les restaurants à Paris. J'ai obtenu 10 réponses et mes followers m'ont recommandé 16 restaurants (à tester) !

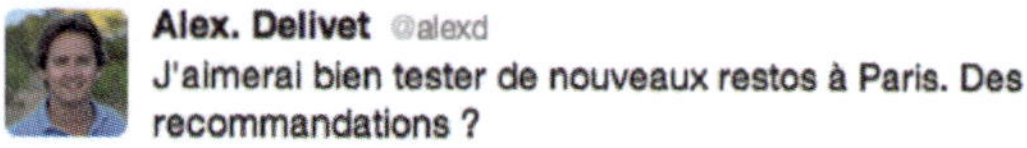

Mais vous pouvez solliciter des recommandations de nature différente : voyage, littérature, photographie, informatique, gastronomie, cinéma, musique, etc.

Vous pouvez également proposer directement des recommandations. Par exemple, dans les applications de musique telles que Spotify ou Deezer, vous avez la possibilité de partager un morceau ou une playlist et surtout d'y ajouter un commentaire.

Mais aussi dans les applications de géolocalisation, vous pouvez partager vos bonnes adresses et surtout expliquer le contexte. Aimer un lieu pour sa carte ou sa terrasse, ce n'est pas pareil...

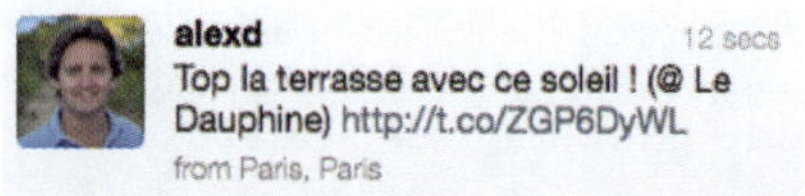

75

Est-ce que Twitter est un outil de Social CRM ?

Anthony Poncier

Tout d'abord, il s'agit de préciser ce qu'est le Social CRM (Social Customer Relationship Management) ou le SCRM. Paul Greenberg, le pape du CRM (gestion de la relation client) explique que « le Social CRM est une philosophie et une stratégie d'entreprise, reposant sur une plateforme technologique, des règles, des processus et des caractéristiques sociales. Son objectif est de se concentrer sur l'engagement avec les consommateurs au travers de conversations collaboratives, afin de créer des bénéfices pour les deux parties, dans un environnement de confiance et de transparence. Finalement, c'est la réponse de l'entreprise à la prise de pouvoir du consommateur sur la conversation[64] ».

Cette plateforme technologique peut-elle se reposer sur Twitter comme outil principal ? Engagement, conversation, tout cela semble bien correspondre à Twitter, mais on peut aussi se dire que plus largement cela renvoie à l'ensemble des médias sociaux, dont c'est le cœur. Tous ces médias sont-ils pour autant des outils de SCRM ? Il faut surtout noter que le SCRM est multicanal et

---

64 - http://the56group.typepad.com/pgreenblog/2009/07/time-to-put-a-stake-in-the-ground-on-social-crm.html

que les médias sociaux ne sont qu'un des canaux qui nourrissent cette stratégie, même si ce dernier est particulièrement important. Donc un outil se limitant au monde des médias sociaux, ou étant un média social lui-même, peut-il répondre à cette définition, cela semble réducteur. De plus, si on fait une rapide typologie des fonctionnalités d'un outil de SCRM, il va permettre de collecter les informations de ces différents canaux pour mieux les rediriger vers les parties prenantes concernées et ainsi leur permettre d'interagir et parfois même d'analyser et de capitaliser sur ces données. Sans compter ceux qui ajoutent la veille dans ces composants. On va bien un peu plus loin que la simple gestion des conversations, mais bien vers une véritable gestion de ces interactions.

Or si Twitter permet cette écoute à travers ses flux et cette interaction entre le détenteur du compte et ses followers, il ne permet pas le reste. Ce qui n'empêche pas que ce canal a d'ailleurs été largement utilisé par les compagnies d'aviation lors de la crise du volcan islandais Eyjafjöll en 2010, dans un cadre de stratégie de gestion de crise dont le SCRM faisait partie.

Donc un outil, sûrement pas, mais un canal à ne pas ignorer dans la mise en place d'une démarche de Social CRM, très certainement. Surtout quand on sait qu'un grand nombre des tweets émis concerne une marque.

TÉMOIGNAGES

Twitter et les entreprises

76

Comment La Poste utilise Twitter ?

Patrice Hilaire

La Poste est aujourd'hui présent sur Twitter avec trois comptes, chacun avec ses propres objectifs :

- @groupelaposte permet de suivre l'actualité du Groupe La Poste, ses projets de modernisation et ses engagements en matière de développement responsable.
- @lisalaposte est un compte orienté client et s'appuie sur l'actualité des produits, des services et des offres en ligne du Groupe. C'est celui que nous privilégions pour entrer en relation.
- @suivi_avec_lisa est un service pour suivre les étapes d'acheminements de ses courriers ou colis suivis en DM.

Ces choix n'ont pas été immédiats et évidents. Nous sommes passés au préalable par une importante phase d'écoute et d'analyse des témoignages de nos clients sur les médias sociaux, ce qui nous a amenés à constater de vraies attentes, en matière de relation client notamment. Nous avons également apprécié le fait que nous partagions avec le Web social des valeurs proches : la transparence, l'écoute, la proximité et la considération de nos publics. Twitter s'est ainsi imposé comme un lieu idéal pour dialoguer et illustrer, sur Internet et les réseaux sociaux, notre engagement de service et notre posture d'écoute.

Entrer en conversation sur Twitter (et sur les médias sociaux en général) exige une nouvelle approche de la communication et un changement de tonalité, basés avant tout sur le parler vrai, la spontanéité, des réponses simples et adaptées. Nous accordons beaucoup d'importance à la régularité, la qualité et la pertinence de nos interactions, plus qu'à la quantité de nos contacts. C'est la raison pour laquelle nous avons fait le choix, dès le départ, d'un Community Management interne exclusivement, conduit par un postier d'expérience.

Au quotidien, nous nous attachons à remplir trois objectifs.

1. Nous souhaitons développer la relation avec nos clients par des réponses personnalisées, de l'information sur nos offres ainsi que de l'écoute et de la disponibilité.

2. Twitter nous permet également de recueillir les réactions de nos clients face à nos offres, de mieux cerner leurs attentes. Ce sont autant d'insights[65] que nous relayons aux marketeurs et commerciaux de l'entreprise.

3. Nous travaillons notre image : faire bouger les lignes de notre e-réputation en démontrant dans nos messages et dans nos conversations que La Poste change et se modernise.

C'est un travail de longue haleine et les nombreux retours de nos clients nous prouvent que nous sommes sur la bonne voie.

---

65 - On utilise le terme d'insight consommateur (*consumer insight*) pour qualifier une idée d'un consommateur qui peut être porteuse en termes de développement d'activité pour l'entreprise.

77

Comment les PME peuvent utiliser Twitter ?

Sophie Gironi

Puissant et accessible, Twitter offre aux PME de nombreuses possibilités en matière de veille et de communication.

Twitter permet d'effectuer une veille sectorielle

Grâce à son moteur de recherche, Twitter permet de surveiller la réputation de son entreprise en y recherchant le nom de celle-ci, celui des produits, des dirigeants ou de ses représentants.

C'est également un excellent moyen d'identifier les acteurs du secteur à suivre (concurrents, partenaires, journalistes, experts) en effectuant des recherches sur les mots-clés relatifs à son activité. Ces recherches peuvent être enregistrées afin d'effectuer une veille régulière et de découvrir ainsi de nouveaux comptes avec lesquels interagir.

Twitter permet de promouvoir son entreprise

Retweeter des informations relatives à son secteur d'activité et interagir avec les utilisateurs identifiés pendant la phase de veille sont d'excellents moyens de démarrer.

Quand cela est possible, relayer sur Twitter les contenus produits par ailleurs (articles de blog, études, actualités de l'entreprise, etc.) permet de promouvoir ses produits, son savoir-faire, et de se positionner en acteur incontournable du secteur. Attention toutefois à ne pas tomber dans le piège de la communication à sens unique, Twitter ne doit pas être un canal d'autopromotion mais bien un lieu d'échange où le contenu fourni présente une vraie valeur ajoutée pour ceux qui vous suivent.

Twitter devient ainsi un excellent moyen de générer du trafic vers son site ou ses autres profils sociaux.

Twitter permet de trouver des contacts

Que ce soit en effectuant une recherche via le moteur de recherche interne ou en interrogeant sa communauté, il est fréquent d'utiliser Twitter aujourd'hui pour obtenir le nom et les coordonnées d'un contact.

Il ne s'agit bien évidemment pas d'utiliser Twitter comme on utilise les Pages Jaunes, mais bien d'interagir avec les acteurs de votre secteur d'activité, il vous sera possible de créer un réseau de comptes qui pourra vous renseigner lorsque vous chercherez des informations sur tel ou tel autre acteur du secteur.

Twitter permet de gérer la relation client

Les utilisateurs de Twitter emploient régulièrement ce moyen pour contacter une entreprise en direct, que ce soit pour poser une question ou exprimer une insatisfaction. Habitués à la rapidité des échanges sur ce canal, ils sont très attentifs au traitement rapide de leurs demandes. Une présence sur Twitter à la seule fin de questions/réponses est possible, mais attention à ne pas laisser traîner, un mail peut attendre quelques heures, un tweet exige une réponse dans l'heure !

Il est important, à moins d'une question généraliste, de ne pas traiter la demande publiquement mais, une fois le contact établi avec le client, lui communiquer les coordonnées, mail ou téléphone, de la personne qui sera à même de répondre à ses questions.

Twitter permet de recruter

Le réseau de contacts que vous aurez su créer autour de votre entreprise, au sein d'acteurs de votre secteur d'activité, vous permettra de diffuser vos offres d'emploi et de dénicher des profils à forte valeur ajoutée, notamment au niveau commercial, management ou ingénieurs spécialisés. La phase de veille et d'identification peut également être l'occasion de découvrir les profils d'experts qui seront susceptibles d'être recrutés.

78

Comment un éditeur de logiciels utilise Twitter ?

Christelle Arquié, pour TalentSoft

Créé en 2007, TalentSoft[66] est un éditeur de logiciel spécialisé dans la gestion intégrée des talents et des compétences en mode SaaS[67]. Il accompagne les Directions des ressources humaines dans leur démarche emplois et compétences, et assure l'employabilité des collaborateurs.

Comme de plus en plus d'entreprises, vous vous demandez sûrement si vous devez vous créer un compte Twitter et ce qu'il pourrait vous apporter. Pour vous donner quelques pistes dans cette réflexion, nous allons vous expliquer pourquoi et comment nous utilisons Twitter chez TalentSoft.

Un compte Twitter, pourquoi et comment ?

Nous avons élaboré et mis en œuvre une stratégie de communication dédiée à Twitter depuis 2011. Le principal objectif : informer, communiquer et créer une communauté autour de notre métier, les ressources humaines. Nous avons choisi de mener cette mission en interne car il nous semblait impératif que nos valeurs soient véhiculées

---

66 - www.talentsoft.com

67 - *Software as a Service*, en français logiciel en tant que service. Concept consistant à proposer un abonnement à un logiciel plutôt que l'achat d'une licence.

par une équipe qui les vit au jour le jour ! Nous avons également créé un compte à notre image, respectant notre charte graphique - fond d'écran, texte de présentation clair, liens et textes à nos couleurs - pour bien débuter sur Twitter.

Partager et faire connaître notre expertise

Twitter permet à des entreprises ne disposant pas de millions d'euros en budget publicitaire de se faire connaître au même titre que les acteurs majeurs du marché. Parmi les actions de communication effectuées chaque jour : faire circuler des articles ayant retenu notre attention, promouvoir des événements RH, diffuser des communiqués de presse, des photos, des vidéos, etc. D'une part, les contenus partagés crédibilisent notre image de « leader de l'innovation RH » et d'acteur dans le domaine des nouvelles technologies. D'autre part, nous avons démultiplié notre audience, augmenté notre présence Web et généré du trafic vers l'ensemble de nos pages Web : site *corporate*, blog, ou groupe Facebook par exemple. Nous avons rapidement constaté le retour sur investissement !

Construire une marque employeur

Cette notion est très importante pour les entreprises françaises comme TalentSoft. Premier point : nous avons une culture et des valeurs fortes que nous tenons à conserver et à transmettre. Pour cela, nous postons des photos des locaux, des équipes, tweetons les soirées internes, et bien sûr suivons et sommes suivis par l'ensemble des collaborateurs ayant un compte. Nous souhaitons que nos équipes soient fières de leur entreprise et le fassent savoir ! Deuxième point : nous avons l'habitude de recruter par « réseau », et Twitter nous a permis de repérer de futurs collaborateurs, dialoguer avec eux, diffuser des offres et proposer des entretiens. De la même manière, des candidats peuvent commencer par nous « follower », apprendre à nous connaître, apprécier notre métier, nos valeurs et avoir envie de nous rejoindre. Et cette démarche s'inscrit totalement dans la culture de TalentSoft.

Benchmarker[68] notre marché

Mais que font « les autres » ? Toute entreprise se pose cette question plusieurs fois par jour, voire par heure ! Avec Twitter nous suivons tous nos concurrents, voyons comment ils communiquent, et sommes informés des dernières tendances et rumeurs du marché. C'est une véritable source d'inspiration ! Pour cela, il faut « suivre » le bon fil d'information : utiliser les fameux hashtags suivis de mots-clés, agréger les actualités de son secteur, suivre les trending topics. Twitter permet une veille en temps réel et gratuite. Pour gagner du temps, enregistrez vos recherches et remontez les informations trouvées en interne pour améliorer votre produit ou faire évoluer votre positionnement marketing.

Bâtir un réseau interne et externe

Un des intérêts majeurs de Twitter est d'engager la conversation avec les leaders d'opinion de notre domaine : tout le monde est à portée de main et de tweet ! Pour cela il faut d'abord trouver les bonnes personnes et, dans cette quête, vos

---

68 - Le « benchmarking » est une démarche d'observation et d'analyse des pratiques utilisées par la concurrence.

meilleurs amis sont la barre de recherche et la fonction « listes » pour classer les personnes que vous suivez. Par exemple, pour TalentSoft : concurrents, experts RH, consultants, journalistes, collaborateurs. Nous échangeons régulièrement avec notre écosystème, remercions pour les « RT » et partages, organisons des rendez-vous IRL (In Real Life)... et toujours sur un ton sympathique, c'est la règle d'or du Web social et cela reflète l'esprit TalentSoft !

Twitter
et les médias

79

Comment les journalistes utilisent-ils Twitter ?

Pierre Tran

Avec 86 % de journalistes qui l'utilisent dans leur travail, Twitter est devenu le média social le plus prisé par cette profession[69]. Son aspect temps réel, son côté couteau suisse, sa concision, son pouvoir de diffusion ont immédiatement séduit les journalistes qui se sont rapidement approprié cet outil. En effet, Twitter est à la fois un outil de veille, de diffusion, de réseautage, de discussion, de collaboration, de personal branding, etc., bref taillé sur mesure pour les journalistes.

Ils l'utilisent pour dénicher des scoops ou des idées de sujets en surveillant des mots-clés ou des tendances émergentes (cf. question 12). Ils l'utilisent également pour investiguer, vérifier ou recouper des informations en effectuant des recherches avancées. Pour le *crowdsourcing* (appel à l'intelligence collective), Twitter est l'outil idéal pour collecter des avis, des témoignages.

Outre la recherche d'information, Twitter peut servir également à diffuser du contenu, de la

69 - Etude Text100 « Engaging journalists through social media » : http :// text100-uk.com/wp-content/uploads/downloads/2012/03/Engaging-Journalists-Through-Social-Media.pdf

veille en rapport avec son domaine d'expertise, une forme de curation prisée par certains journalistes. En situation de mobilité ou sur des événements, le live-tweeting (cf. question 59) est une forme de reportage en temps réel.

Twitter peut être un outil efficace de collaboration au sein d'une rédaction, voire entre journalistes de plusieurs rédactions (émergence d'une suprarédaction[70]).

Au final, Twitter sert au journaliste à promouvoir son travail. Pour que cela soit efficace, il devra avoir développé son audience, sa communauté. En cela, Twitter est aussi un outil d'engagement, de discussion, de création de liens entre personnes. Développer son audience, c'est aussi développer sa marque personnelle. Twitter est devenu l'outil incontournable du journaliste pour créer sa marque personnelle, accroître et mesurer son influence.

L'usage de Twitter dans la presse est encore neuf et ne manque pas de poser certains problèmes : à qui appartient le compte Twitter, au journaliste ou à la rédaction ? Le journaliste peut-il diffuser les informations qu'il a en exclusivité ? Certaines rédactions ont dû mettre en place des chartes d'utilisation des réseaux sociaux dans leur entreprise pour canaliser l'usage du microblogging.

L'équipe de Twitter a bien compris l'intérêt de son service pour les journalistes. Elle a créé un guide

---

70 - http://blog.slate.fr/labo-journalisme-sciences-po/2010/08/30/la-redaction-secrete-du-web-francais/

complet à leur intention, Twitter for Newsrooms[71] où sont détaillés les différents aspects : comment trouver de l'information, comment publier du contenu, comment construire et engager une audience, etc. À lire en priorité !

71 - https ://dev.twitter.com/media/newsrooms

80

Comment *Les Échos* utilise Twitter ?

Célia

L'histoire des *Échos* et Twitter a commencé en septembre 2010 avec la nomination d'un Community Manager, mais a réellement pris de l'ampleur lors de l'affaire DSK en mai 2011. C'est à ce moment-là que Twitter a gagné ses galons de source et de média incontournables au sein de la rédaction.

Le point de départ a été la création d'un compte @lesechos pour diffuser les contenus du journal et du site Web, mais très vite chaque journaliste est également devenu un ambassadeur de la marque avec aujourd'hui plus d'une centaine de comptes liés au Groupe Les Échos. Car s'il y a bien sûr un objectif d'audience, il y a également un objectif d'image de marque et de reconnaissance des *Échos* comme source d'information incontournable.

L'immédiateté du réseau nous permet notamment de diffuser plus rapidement nos informations exclusives et de créer le « buzz » autour de celles-ci. Twitter est également une source d'informations désormais incontournable pour les journalistes qui l'utilisent pour leur veille sectorielle et comme outil d'alerte.

Nous avons fait le choix dès le départ pour la mise en place d'un Community Manager en interne, qui a permis de faire croître très vite le nombre de followers, en « humanisant » la présence des *Échos* sur les réseaux sociaux. Aujourd'hui, nombre de tweeteurs savent qu'ils s'adressent à quelqu'un quand ils parlent à @lesechos. Nous y avons gagné en interaction avec nos lecteurs et cela permet de remonter des informations à l'ensemble du Groupe (diffusion, abonnement, rédaction, direction numérique, etc.).

Concrètement, outre le compte @lesechos, il existe des comptes sectoriels (@EchosTechMedias par exemple), des comptes de journalistes (listés sur lesechos.fr/Twitter) et des comptes de filiales (@RadioClassique, @LesEchosConf, etc.) qui comptabilisent aujourd'hui plus de 100 000 followers au total.

Chacun est un peu aujourd'hui le Community Manager des *Échos* à sa façon...

Et si on devenait photographe officiel, grâce à Twitter ? (Par Genaro Bardy)

Twitter est connu pour sa rapidité de diffusion de l'information. Un des premiers scoops photographiques mondiaux issus de Twitter fut l'atterrissage d'un avion en détresse sur l'Hudson River à New York[72].

Devant les yeux ébahis des passagers du ferry de Staton Island, un pilote devenu depuis héros national posa son Airbus en ayant perdu ses moteurs et train d'atterrissage.

L'information se répandit comme une traînée de poudre en partant d'un tweet. Un des passagers du ferry avait sorti son téléphone et pris en direct une photo qui faisait la couverture des journaux du monde entier le lendemain, grâce à Twitter.

72 - http://twitpic.com/135xa

81

Comment Nostalgie Belgique utilise Twitter ?

Pedro Taveira

Il n'est pas facile d'être présente sur Twitter pour une radio comme Nostalgie même si Nostalgie Belgique est très différente de sa sœur française. Elle a souvent l'image d'une radio pour cinquantenaires, une cible peu présente sur Twitter. La cible belge est plutôt composée de quadragénaires mais nos followers sont composés principalement de jeunes trentenaires. L'équipe qui constitue la radio est également jeune, la moyenne d'âge des employés est 35 ans. Le marché belge francophone étant petit, nous ne sommes qu'une trentaine à travailler pour la radio. Malgré cette petite équipe, nous sommes la troisième radio la plus écoutée de Belgique francophone avec une part de marché proche des 12 %.

Nostalgie Belgique a toujours été précurseur sur le Web, nous avons été les premiers en Belgique à lancer des webradios et les podcasts. C'est donc naturellement que nous avons démarré sur Twitter en avril 2009. Avant que je n'intègre l'entreprise en novembre 2010, personne n'avait été désigné pour animer ce compte. Parfois un animateur radio s'en occupait, parfois un journaliste ou le service communication. Il n'y avait pas de réelle cohérence, d'autant plus que les Community

Manager improvisés ne maîtrisaient pas toujours l'outil. J'ai mis près d'un an pour organiser la gestion du compte et engager un Community Manager, nous dépassons aujourd'hui la barre des 900 followers contre 77 à mon arrivée.

Nous sommes actuellement deux à gérer ce compte. Je mets en place la stratégie et notre Community Manager s'occupe de l'animation du compte.

Comme notre utilisation principale de Twitter est l'interaction avec nos auditeurs, nous collaborons de manière étroite avec tous les services de l'entreprise pour avoir en permanence les bonnes infos. Nos auditeurs/followers trouvent un moyen de dialoguer directement avec leur radio ou leur animateur. Nous collectons les messages positifs et négatifs que nous transmettons vers le service concerné. J'insiste pour que le Community Manager réponde à tous les messages, c'est essentiel pour établir une relation de confiance. L'objectif, ici, est de montrer le côté humain et proche de la marque. C'est d'ailleurs pour cela que je ne désire pas cacher l'identité de la personne qui anime le compte Twitter, on indique dans la bio qui s'en occupe. Certains de nos followers finissent même par nous appeler par notre prénom.

Nous nous servons aussi de Twitter pour faire la promotion des articles de notre site Web. Twitter génère environ 5 % du trafic vers notre site. Nous ne renvoyons pas uniquement vers notre propre contenu, nous n'hésitons pas à partager le contenu d'autres sites. Tant que cela reste dans l'univers de Nostalgie Belgique... et que ce n'est pas vers le site Web d'un concurrent.

Il nous arrive parfois d'organiser des concours uniquement pour Twitter, cela nous permet de recruter rapidement des followers mais notre objectif n'est pas de faire grossir notre nombre de followers à tout prix, je préfère viser un nombre élevé de retweets et de mentions.

Enfin, nous profitons aussi de Twitter comme un formidable outil de diffusion d'information en temps réel. Soit pour « live-tweeter » un événement ou une interview, soit pour savoir ce qui se dit de nous maintenant.

82

Comment France Télévisions utilise Twitter ?

Myriam Laouffir

Pour France Télévisions, Twitter est à la fois un outil d'information, de communication et de diffusion de contenus exclusifs et inattendus. Mais c'est aussi, sans aucun doute, une belle introduction à l'arrivée de la TV sociale et des TV connectées.

Information, communication et exclusivité

Twitter est avant tout un fil d'actualité et nous l'utilisons donc dans ce sens. **Twitter nous permet d'informer** le public sur les temps forts, et ce, en un temps record. Après curation, nous mettons en avant des contenus susceptibles d'intéresser les bassins d'audience.

Nombre de médias Web ou print reprennent certains tweets en précisant « de source officielle, France 2 annonce sur son compte Twitter ». Oui, les médias sociaux sont définitivement devenus des fils d'information officiels, il n'y a qu'à voir les comptes des politiques qui l'utilisent comme premier émetteur média, de par notamment son instantanéité. C'est bien sûr le compte de @france2tv que les deux nouvelles chroniqueuses de Laurent Ruquier ont été révélées, générant de très nombreux RT et des reprises sur les médias. L'intérêt d'une présence sur Twitter est par ailleurs de pouvoir bénéficier de la primeur d'information, et cela génère naturellement de la viralité.

Twitter, c'est aussi **un moyen de communiquer** au quotidien avec nos communautés, d'interagir, de nous rapprocher de manière intéressante de notre audience et ainsi de pouvoir mieux analyser et comprendre notre graphe social.

En dehors de son utilisation en tant que source d'informations, Twitter est un formidable outil qui permet d'**offrir des contenus exclusifs**, dans le prolongement des contenus éditoriaux : une invitation à partager des événements, des coulisses et des off avec nos communautés allant du on line au off-line (rencontres et opérations sur terrain). Le monde audiovisuel, qui aurait pu être perçu comme un environnement plutôt fermé et magique aussi, se transforme, grâce à la connexion des différents écrans, en un univers désormais plus ouvert, accessible et conversationnel, une opportunité d'humaniser la et les marques.

TV sociale et TV connectées

Twitter est sans aucun doute une belle introduction à l'arrivée de la TV sociale et des TV connectées. Selon une récente étude de Nielsen, Yahoo, Bluefindlab et CNN, 94 % des Américains procèdent au « multi-tâches », échangeant par mail, SMS, chat, réseaux sociaux, téléphones, Skype, etc., quand ils regardent la télévision. Des actions que nous pourrons à terme tous faire depuis un seul et même écran avec les TV connectées.

À ce titre, France Télévisions propose, depuis 2009, du live-tweeting autour des programmes et des événements phares, l'idée étant de communiquer en temps réel avec les communautés mais aussi d'être en mesure de leur offrir du contenu exclusif durant la diffusion, voire aussi avant et après, comme par exemple le live-tweeting autour des « Victoires de la Musique », dont le hashtag #victoires a généré plus de 42 000 tweets.

Record absolu à ce jour, #dpda avec Nicolas Sarkozy qui a généré plus de 105 000 tweets. Bien entendu, nous n'en sommes pas encore aux millions de tweets comme aux États-Unis, mais cela nous permet déjà d'avoir des indicateurs très intéressants, notamment lorsqu'ils sont accompagnés de l'analyse du sentiment. Ce n'est pas parce qu'une émission a généré un fort taux de conversations, qu'elle a pour autant été plébiscitée par le public. Le qualitatif est donc une fois de plus très important. Quelle chaîne a réalisé la meilleure audience sociale ? Quel hashtag se positionne en Trending Topics France et Monde ? Combien de commentaires ont été générés ? Quel baromètre de satisfaction ? Encore une fois, de nouveaux indicateurs, au service aussi des producteurs et conseillers de programmes qui pourront sans doute affiner leurs offres par rapport aux attentes du public.

Par ailleurs, nous donnons également ponctuellement la main sur certains comptes à des ambassadeurs, qui ne sont pas forcément que des influenceurs, mais aussi et tout simplement des internautes passionnés par un thème (rugby, voile, musique classique, eurovision, décoration, etc.) Ce sont eux qui prennent la main sur un compte et qui font vivre, avec leur personnalité, leur ton et leur humour aussi, l'événement aux communautés. Introduction à ce que sera la télévision de demain ? Aux nouveaux usages et nouveaux modes de consommation ? MTV n'a-t-elle pas annoncé au #SXSW à Austin que ce sera désormais le public qui deviendra co-créateur et co-producteur de nos programmes ?

Pour conclure, Twitter est devenu un véritable outil pour vivre la télévision.

83

Associer Twitter en cas d'alertes : séisme, incendie ?

Éric Delcroix

Que se passerait-il si un séisme majeur arrivait en France ? Ou encore un accident nucléaire, un tremblement de terre, une catastrophe naturelle de grande ampleur ? Comment les populations concernées seraient averties ? Comment seraient-elles tenues au courant de l'évolution de la situation ?

Jusqu'à maintenant, seules les sociétés d'appels téléphoniques avertissaient les populations des villes avec lesquelles elles ont passé un accord.

Aussi, lors d'un exercice d'alerte séisme à Grenoble (richter 38), l'une de ces entreprises (Cedralis) a souhaité explorer les possibilités offertes par les réseaux sociaux dont Twitter[73].

Pour cette première, un compte Twitter @ richter38, accompagné du hashtag #richter38, a été créé dès l'alerte lancée. Ceci a permis de créer un lieu d'échanges sur l'événement dans les deux sens : communication de la cellule de crise, remontées des internautes de ce qui se déroule

73 - Voir la génèse et les résultats : http://leszed.ed-productions.com/alerte-seisme-en-france-reseaux-sociaux-richter-38/

sur le terrain par des textes, des images ou des vidéos, la possibilité de questionner, etc.

Même si la ville, la préfecture, etc., n'ont pas osé jouer le jeu principalement par peur des réactions dans le public, l'opération a été une réussite. En cours de journée, nous avons été considérés comme le quartier général de l'opération, y compris dans un message diffusé en anglais (Earthquake Simulation at Grenoble @richter38) !

Côté chiffres, notre opération a permis d'être perçus par près de 60 000 personnes de 8 h 30 à 13 heures, dont 58 286 avant midi, et 31 760 avant 11 heures grâce à seulement 43 personnes. 10 724 de ces personnes ont été contactées par des comptes Twitter grenoblois ! (Ces mesures ont été faites à partir de la diffusion du hashtag #richter38. Nous avons additionné le nombre d'abonnés aux comptes.)

Aussi bien que l'alerte téléphonique en chiffres, mais avec l'avantage de toucher des populations qui étaient sur leur lieu de travail, à la périphérie des villes...

De plus, l'usage de Twitter permettait de rassembler et de faire remonter des informations en direct depuis le terrain.

Et pour illustrer ce point de manière plus décalée, citons la publicité faite par Twitter et titrée : « Twitter, plus rapide que les tremblements de terre » : http://youtube.com/watch?v=0UFsJhYBxzY

Twitter et l'enseignement

84

Comment une classe élémentaire utilise Twitter ?

Éric Delcroix

Dès l'automne 2009, Laurence Juin, enseignante de lettres, histoire-géographie et éducation civique en lycée professionnel, et moi-même avons été les précurseurs dans l'utilisation du Twitter dans l'éducation nationale :

Laurence avec son projet « par la classe et non pour la classe » en lycée professionnel[74] ; moi, pour la prise de notes d'étudiants en Master 1 pendant des exposés[75].

Jean-Roch Masson, instituteur, a également exploré l'utilisation de Twitter avec ses « petits » CP[76].

---

74 - Vous trouverez une multitude d'informations sur ce projet sur son premier blog : http://frompennylane.blogspace.fr/16/et beaucoup d'autres sur http://mao nziemeannee.wordpress.com/où elle présente ses expérimentations, ses méthodes, etc.

75 - http://leszed.ed-productions.com/twitter-en-cours-education/

76 - www.numericole.fr/index.php?option=com_content&task=view&id=51

La phase de découverte étant passée, aujourd'hui, une centaine d'écoles emploie Twitter à des fins pédagogiques selon le quotidien *La Croix*[77]. Leur nombre serait même plus proche de 150 selon le site Twittclasses Francophones[78] (à l'école primaire, dans le secondaire, dans les centres de documentation et d'information mais aussi dans l'enseignement supérieur).

> Un autre exemple récent du rôle pédagogique de Twitter, rapporté par France Télévisions[79] : un professeur de la Rochelle a récemment travaillé sur le live-tweeting proposé par France 2, autour du documentaire *Guerre d'Algérie, la déchirure*, à l'occasion d'un cours d'histoire sur la décolonisation et la construction de l'État algérien.

77 - http :// la-croix.com/Actualite/S-informer/Internet/Ils-utilisent-Twitter-en-classe-_NG_-2012-02-17-769728
78 - http://twittclasses.posterous.com/
79 - Merci Myriam Laouffir.

L'objectif était d'analyser les tweets autour de #guerredalgerie. Ainsi chaque groupe d'élèves a dû remonter toute la production de tweets émis en fonction de différentes thématiques : tweets informatifs, critiques positives ou négatives, critiques sur la technique cinéma, témoignages personnels, tweets émotion, etc.

Résultats : les élèves ont appris à maîtriser les différents types de textes, la notion d'e-réputation, les différents outils 2.0, se sont impliqués sur la connaissance d'un fait historique, ont partagé des témoignages personnels, etc., et ont découvert la fonction du live-tweeting et compris la fonction pertinente du réseau social[80].

D'ailleurs, le nombre de présentations, livres blancs et autres études sur le sujet ne cessent d'augmenter en parallèle : *Les applications pédagogiques de Twitter*[81], l'enquête « Twitter un outil éducatif dans le cadre scolaire ? » réalisée en janvier 2012.

Il est difficile de dresser en quelques mots un panorama complet des avantages et des limites de Twitter dans l'éducation : débattre, argumenter, rédiger, permettent de noter des changements dans les relations des élèves avec les enseignants, les autres élèves et l'extérieur de l'établissement ; l'expression des élèves plus en difficulté est favorisée ; une plus grande partici-

80 - Pour aller plus loin : http://maonziemeannee.wordpress.com/2012/03/12/612/
81 - http :// profweb.qc.ca/fileadmin/user_upload/Dossiers/Dossier_Twitter/Dossier_Twitter.pdf

pation et une plus grande implication de leur part dans le travail.

En parallèle, ces derniers jours, j'ai constaté lors d'une journée « médias sociaux » dans un collège, l'utilisation par plusieurs élèves de Twitter à titre privé (aucun cours n'est donné avec Twitter dans l'établissement). Cela voudrait-il dire que Twitter devient un outil de tous les jours pour les collégiens ? Ce qui changerait également la donne sur son usage en classe.

85

En quoi Twitter peut être un outil éducatif ?

Willy Braun

L'outil peut servir à de nombreuses fins, selon les âges et les enseignements mais ce sont deux traits principaux qui nous intéressent : la modification de la relation enseignant/élève et le rapport de l'élève à l'apprentissage.

Relation enseignant/élève : redonner un peu de souplesse

L'instruction gagne en efficacité lorsque la curiosité des élèves est sollicitée.

1. Twitter permet de sortir du schéma linéaire de transfert des connaissances : ce n'est plus un cours magistral, ce n'est plus l'enseignant qui dicte et l'élève qui écrit. Ce dernier peut poser une question, partager le contenu avec ses pairs, qu'ils aient le même professeur ou non. De plus, tous les élèves peuvent voir l'échange mais ne le subissent pas s'ils ne le souhaitent pas.

2. Il permet de sortir des cadres préétablis, un peu lorsque vous organisez une sortie scolaire ou que vous vous offrez le luxe d'un cours à l'extérieur. L'environnement influence grandement l'état d'esprit et le comportement de l'élève. Lire un lien le soir chez soi, partagé par un prof sur Twitter n'a rien à voir avec

la recommandation d'une lecture pendant le cours.

3. La perception de la relation enseignant/élève est modifiée : ce n'est pas un effondrement de l'autorité mais un échange qui se débride. Sur Twitter, vous aurez la légitimité de la connaissance et conserverez donc votre force prescriptrice mais il n'y a plus cet aspect d'obligation.

4. Il laisse la place à l'approfondissement, à de légers écarts par rapport au strict programme. Le professeur peut donc suggérer des dimensions nouvelles pour élargir la curiosité, en allant chercher de nouveaux auteurs, des disciplines connexes mais hors programme.

L'exercice Twitter : la force de la synthèse

Alors que tous les élèves sont équipés en smartphones et que toutes les applications ne sont pas de francs appels à l'érudition, utiliser Twitter offre l'opportunité d'intégrer le jeu et l'actualité dans l'apprentissage. En outre, et surtout, cela nécessite de trouver des tournures brèves, accrocheuses, qui résument un point clé. C'est à la fois intéressant pour l'enseignant qui s'adapte au monde digital des jeunes, rempli de brièveté et de boulimie d'information, et pour le jeune qui doit trouver des tournures synthétiques et qui peut retenir l'idée cruciale d'une ressource conseillée.

C'est une façon aussi d'intégrer un processus de co-création, avec la possibilité pour l'élève de proposer du contenu à ses pairs et à son professeur, ce qui lui permettra naturellement de mieux s'approprier son cours.

Alors, tentés ?

86

Comment l'École de management Strasbourg utilise Twitter ?

Thomas Arbib

Contrairement à Facebook où l'EM Strasbourg[82] trouve son engagement dans le « funky », Twitter est un outil qui s'envisage comme un média où la diffusion de contenu pertinent créera une audience constituée d'un ou de public(s) ciblé(s). Il s'agit alors pour l'EM Strasbourg d'établir une stratégie de partage de contenus pour maximiser les retweets potentiels.

L'intérêt de Twitter, c'est qu'on ne parle pas « à quatre murs » mais à une vraie personne (un Community Manager) qui gère le profil. L'EM Strasbourg a fait le choix de le recruter parmi les étudiants (en l'occurrence, il s'agit de moi) ; de cette façon, je fais partie de la communauté off-line et je le ressens dans les interactions on line.

Avant de commencer à tweeter, et dans le cadre de l'implémentation de notre stratégie de partage de contenus, nous avons paramétré nos outils de veille pour ne rien rater de ce qui se dit sur l'école.

L'EM Strasbourg se positionne comme la « seule Business School sur un modèle international inscrit dans un pôle universitaire d'excellence » (seule école de commerce composante à part

82 - http://em-strasbourg.eu/

entière d'une université). Pour aller dans le sens de ce positionnement, il m'a alors semblé nécessaire de partager des articles concernant la recherche, le milieu universitaire, l'enseignement supérieur et l'éducation, le tout en anglais et en français.

Nous avons aussi pris le temps de bien identifier nos cibles, potentielles ou non. Je me suis alors posé trois questions :

- Pourquoi des utilisateurs Twitter viendraient-ils s'abonner au compte de l'EM Strasbourg ? >> Réponse : Pour être au courant de l'actualité de l'EM Strasbourg.

- Pourquoi des utilisateurs Twitter voudraient-ils être au courant de l'actualité de l'EM Strasbourg ? >> Réponse : Parce qu'ils s'intéressent de près ou de loin aux écoles de commerce.

- Pourquoi des utilisateurs Twitter s'intéressent-ils de près ou de loin aux écoles de commerce ? >> Réponse : Parce qu'ils sont, soit **étudiants** de cette école de commerce ou dans une autre, soit **candidats** pour rejoindre une école de commerce, soit **professeurs** dans le supérieur, soit **journalistes/blogueurs** spécialisés dans l'éducation, soit ils représentent des **entreprises**.

C'est ainsi que l'on se retrouve avec tous les publics d'une école :

- Les **étudiants** actuels que l'on doit tenir informés.

- Les **candidats** que l'on cherche à séduire pour les recruter.

- Les **diplômés** et le sentiment d'appartenance à l'école qu'il faut entretenir.

- Les **journalistes** spécialisés et **blogueurs** qui sont susceptibles de parler de l'école (en bien de préférence).

- Les **professeurs** de prépa, université IUT, BTS, etc., à qui il est toujours bon de rappeler l'existence de l'EM Strasbourg au travers d'un tweet.

À partir du moment où une entreprise a établi la liste de ses cibles, elle peut plus facilement identifier le contenu à diffuser pour les intéresser, et donc commencer à **échanger**, ce qui est le propre du Web social !

(NB : Ci-dessus, vous pouvez également voir, en plus des fonctionnalités de base déjà décrites, un nouveau point : Buffer. Buffer est le service qui a permis à ce tweet d'être envoyé, à l'image de TweetDeck ou HootSuite.)

Twitter et le sport

87

Comment le monde du sport utilise Twitter ?

Olivier Spaeth

Parmi les événements les plus tweetés, les événements sportifs prennent une part importante : Super Bowl 2012, finale de la coupe du monde féminine de football 2009, élimination du Brésil de la Copa America 2011, etc. Des centaines de milliers de personnes à travers le monde utilisent Twitter, pendant les rencontres sportives, pour se tenir informées du score, pour échanger avec d'autres fans, pour partager leurs émotions.

Le grand public aime donc Twitter ! Mais ils ne sont pas les seuls ! Les pros, eux aussi, l'adorent.

Depuis sa création en 2006, de nombreux sportifs ont rejoint ce réseau social pour pouvoir échanger et dialoguer avec leurs fans. Parmi les pionniers, on compte le cycliste Lance Armstrong[83] et le basketteur Shaquille O'Neal[84], qui ont rejoint Twitter en novembre 2008. En France, Sébastien Chabal[85] a été l'une des premières stars du sport à partager ses tweets (le premier date d'août 2009).

---

83 - http :// twitter.com/lancearmstrong

84 - http :// twitter.com/SHAQ

85 - https ://twitter.com/sebchabal

Le succès de Twitter ne se dément pas : en NFL (football américain), 1 423 joueurs et anciens joueurs sont présents ; en NBA (basket-ball), ils sont plus de 443 ; 806 footballeurs sont inscrits sur Twitter. Mais les sports individuels ne sont pas en reste, que ce soit le tennis (106 joueurs et joueuses), le golf (près de 200 inscrits), le cyclisme (125 coureurs tweetent), etc[86].

Pour beaucoup de ces sportifs professionnels, Twitter est un moyen simple de rester en contact avec leurs supporters, sans avoir recours aux médias pour faire passer un message. Twitter sert également de moyen de communication entre les athlètes (message de soutien suite à une blessure, par exemple).

La liberté qu'ont les athlètes sur Twitter n'empêche pas les dérapages qui se produisent assez régulièrement : Sébastien Chabal qui révèle une blessure sans l'accord de son staff, Laure Manaudou accusant les jeux vidéo pour les tueries de Toulouse et Montauban, Rashard Mendenhall regrettant les manifestations de joie après la mort d'Oussama Ben Laden, etc.

Mais Twitter permet aussi les belles histoires entre le sportif et ses fans. En janvier 2010, Lance Armstrong invitait ses followers à participer, avec lui, à une promenade en vélo à Adélaïde en Australie. Ils furent plusieurs milliers à le rejoindre. En février 2012, le joueur de football américain Antonio Brown invita un supporter de son équipe à participer à toute la semaine précédant le Super Bowl.

---

86 - Source - mai 2012 : http://goo.gl/fa9Gb

De nombreuses évolutions dans l'utilisation de Twitter par les sportifs vont arriver dans les prochains mois. Déjà, plusieurs ligues américaines réfléchissent à la manière d'encadrer l'utilisation de Twitter pendant les rencontres sportives. Les écuries de Formule 1 vont brancher les différentes caméras embarquées aux comptes Twitter des pilotes, qui pourront envoyer des photos depuis leurs voitures. Certaines données statistiques pourraient, via différents capteurs, être postées en direct, sur le compte Twitter d'un joueur de football ou de rugby.

Une autre tendance se dégage sur Twitter, à savoir l'utilisation qui en est faite par les sponsors du sport. @le12emehomme est un concept imaginé par Orange autour du football et permet à la marque de partager avec les passionnés de ce sport l'accès privilégié dont Orange dispose en tant que sponsor et partenaire du football. La Société Générale, avec @paramourdurugby, propose un dispositif similaire pour le rugby. Ce genre de dispositif, qui devrait s'étendre dans les prochains mois, permet ainsi de tisser un lien fort et régulier entre la marque et les passionnés : de quoi réussir une opération de sponsoring.

88

Comment un(e) sportif(ve) peut utiliser Twitter ?

Chloé Kericeli

Quand je rencontre des sportifs pour leur présenter Twitter, leur première réaction est de dire qu'ils ont déjà un site officiel et/ou un compte Facebook ; ils ont donc l'impression que Twitter ne serait qu'un doublon et une perte de temps, sachant que l'éducation, l'entraînement et la compétition sont bien évidemment plus essentiels.

Or, de mon point de vue, Twitter est un complément qui offre des retours positifs potentiels non négligeables pour un sportif, en plus d'être un moyen de communication original, utile, divertissant et simple d'utilisation.

Sur ce dernier point, les États-Unis ont une bonne longueur d'avance et la sportive la plus suivie sur Twitter est @serenawilliams avec 2,5 millions de followers, et *a priori* elle tweeterait elle-même.

Twitter cumule plusieurs avantages non négligeables pour faire parler de son sport, appuyer la médiatisation de ses performances et créer une communauté de « supporters » en ligne. C'est un lieu de partage de votre vie de sportif, autant que de vos activités parallèles (par exemple, parler de vos sponsors ou de vos projets avec des associations) ou encore d'informations liées à d'autres personnes, qu'elles soient sportives ou non.

Enfin l'une des clés offerte par Twitter, c'est qu'il vous montre de manière authentique. Sincérité et honnêteté seront des facteurs d'engagement d'autant plus forts qu'ils n'empêchent en rien de promouvoir en même temps ses sponsors, son employeur ou autre.

Si je vous ai convaincu, alors n'hésitez pas à lire ces quelques recommandations :

1. Soyez vous-même : parler soi-même de soi-même (en mots, en photos, en vidéos), de ses résultats et de ses performances, de son entraînement et de sa préparation, de sa vie quotidienne et de son environnement, de ses articles de blog, d'autres informations à la fois sportives et non sportives, de son opinion sur certains sujets si on souhaite la partager, etc.

2. Ayez une démarche conversationnelle : communiquez et interagissez avec les gens de manière paritaire et simple. Dit « virtuel », ce type de communication n'empêche pas pour autant de respecter certaines règles basiques de la vie quotidienne : remercier, répondre aux questions, partager les informations publiées par d'autres, etc. Twitter est le lieu par excellence de dialogue et de débat, qu'il soit constructif ou non, comme dans toute société humaine.

3. Évitez le langage SMS : la limitation à 140 caractères n'est pas synonyme d'écriture raccourcie, bien au contraire, c'est un beau français qui est mis en avant sur Twitter. Il s'agit de réussir à être concis, quitte à écrire plusieurs tweets de suite pour exprimer toute sa pensée.

4. Évitez d'avoir des objectifs numéraires : l'objectif premier doit être de se faire plaisir et d'être en contact avec son public. La construction d'une communauté intéressée prend du temps, la célébrité sur la place publique aidant, le nombre de followers peut grimper vite, mais il ne représente pas forcément un engagement.

Pour faire vos premiers pas sur Twitter, n'hésitez pas à vous faire accompagner par un coach, un conseiller ou un formateur qui soit lui-même utilisateur de cette plateforme. Vous pouvez également apprendre seul, il suffit de se lancer, d'observer un peu et d'apprendre sur le tas. Un accompagnateur ne fera qu'accélérer votre compréhension et votre capacité d'utilisation, tout dépend de votre disponibilité et de vos objectifs en réalité.

89

Comment une kiteboardeuse utilise Twitter ?

Charlotte Consorti[87]

Je suis kiteboardeuse professionnelle[88], double championne du monde de vitesse et double recordwoman de vitesse en kite. Inscrite sur Twitter depuis octobre 2009, voici un court aperçu de mon utilisation de ce service.

Pourquoi ai-je commencé à tweeter ?

J'ai commencé à tweeter par curiosité car j'aime tout ce qui touche au Web 2.0. J'ai fait des études de management du sport et un DESS de communication d'où mon intérêt pour tout ce qui est communication et nouvelles technologies. Si je ne navigue pas, je passe beaucoup de temps sur le net, pour étudier la météo, préparer mes voyages et découvrir de nouveaux terrains de jeu, et suivre toute l'actualité des autres kitesurfeurs à l'autre bout du monde. Je passe beaucoup de temps sur mon ordinateur, c'est au final une bonne partie de mon travail de sportive. Je fais et mets à jour mon site Web, je monte mes vidéos, je retouche mes photos et je mets également à jour Facebook, Twitter et Instagram, etc. C'est vrai

87 - Merci à Chloé Kericeli d'avoir été l'instigatrice de ce témoignage.
88 - http://charlotteconsorti.fr/

que je pourrais payer quelqu'un pour le faire à ma place comme beaucoup de sportifs mais je pense que ça ne me ressemblerait pas ! Tout ça pour dire que Twitter est une suite logique à tout ça !

Quelle en est mon utilisation ?

J'ai mis un peu de temps à me mettre sur Twitter car au départ lorsque je me suis inscrite il n'y avait pas beaucoup de riders kite ni de gens que je connaissais, donc je l'utilisais vraiment peu. Puis au fur et à mesure la communauté kite sur Twitter s'est agrandie et j'y ai pris goût. J'utilise donc Twitter pas uniquement pour tweeter mais également pour suivre des gens qui m'intéressent : sportifs, photographes, spécialistes du Web, blogs sport, etc. Je tweete très peu sur ma vie privée et me localise peu car cela me fait quand même un peu peur. Je tweete principalement lorsque j'ai une actualité voyages, compétitions, entraînements, événements de mes sponsors et quelques photos de mes navigations ainsi que quelques tweets sur les choses que j'aime : les séries US, la photo et la vidéo, les chats, etc. Je le fais parce que cela me plaît, j'aime pouvoir discuter avec des gens de tous horizons et faire découvrir mon sport. Après c'est également un atout en plus pour se vendre aux sponsors... mais je pense qu'il ne faut pas le faire que pour cette raison sinon ça ne peut pas marcher. Je n'ai pas eu de bénéfices spécifiques à tweeter mais je n'en cherche pas non plus.

Est-ce que je recommanderais à d'autres sportifs (ves) de s'inscrire sur Twitter ?

Oui, je le conseille aux autres sportifs et sportives, à chacun(e) d'en faire sa propre utilisation ; il y a de tout sur Twitter : du sportif qui étale sa vie perso au sportif qui ne tweete que son actualité, sans suivre personne ni répondre. Il n'y a pas une bonne ou une mauvaise façon, c'est ce qui fait le charme de Twitter.

90

Comment le club de rugby de Lyon (LOU) utilise Twitter ?

Philippe Couzon

Jusqu'à son arrivée en Top 14, le LOU Rugby alimentait un compte Twitter automatiquement (c'est-à-dire avec un robot) depuis Facebook. Sur ce dernier, le club a toujours été actif. Pour chaque rencontre à domicile, par exemple, il y a un photographe, Marc Galaor. Le LOU produit des vidéos, les articles du site Web sont relayés (compositions, infirmerie). Tout cela a été maintenu sur Facebook et sur le relais.

Il y a une forte communauté rugby sur Twitter, il était logique que le LOU Rugby, promu en Top 14 Orange pour la saison 2011-2012, s'y inscrive aussi, en gardant en tête d'être actif et surtout humain.

Mais, même si Twitter n'est qu'une partie du dispositif, c'est vers ce compte que, finalement, convergent les différentes actions sur les autres réseaux sociaux (Facebook, Foursquare).

Plusieurs actions sont menées sur Twitter.

La première d'entre elles a été de faire poser des questions par les supporters en point presse. Cela a permis de renforcer le lien entre les joueurs et les supporters et participer à la convivialité autour du club. Les supporters ont même pu faire part de leurs attentes sur les prix des places et sur les snacks. Le club a écouté. Il y a eu un impact réel des conversations en ligne.

Pour chacun des matchs de LOU, nous initions le dispositif suivant :

- Le vendredi qui précède le match, nous réalisons un #FF au compte Twitter officiel du club adverse.
- On fait un rappel sur l'écran géant des comptes Facebook et Twitter.
- On poste des photos du stade, des supporters, de l'ambiance[89].
- On diffuse les témoignages des spectateurs.
- On fait du live-tweeting. Pour rejoindre les autres live-tweeteurs, un hashtag est systématiquement utilisé. Pour que les supporters des deux équipes puissent s'y retrouver, il s'agit d'une combinaison des équipes. Par exemple, pour le match aller LOU/Biarritz Olympique, c'était #BOLOU.

Lors du match, le hashtag est suivi sur Twitter, ainsi qu'une liste de fans car tous ne l'utilisent pas. Cela permet de retweeter les avis, de répondre, d'engager la conversation. Il y a clairement une communauté autour du LOU et le compte, l'équipe et ses supporters sont appréciés par des supporters d'autres équipes.

Après le match, au Matmut Stadium, le point presse est live-tweeté, pour ne pas laisser les supporters seuls après le coup de sifflet final.

---

89 - https ://twitter.com/#!/LeLOURugby/media/grid

Qu'ajouter d'autre ? Une réponse aux tweets pendant la semaine, de la bonne humeur, toujours et encore. Bref, être humain et attentif à chacun.

Le but du LOU n'était pas de monopoliser la discussion mais bien de permettre aux fans de mieux discuter sur et avec lui. Il fallait donc leur donner des éléments pour cela, la matière première restant l'équipe et son jeu, le spectacle qu'ils pouvaient offrir.

Twitter
et la politique

91

Twitter est-il le début de la vraie démocratie ?

Pierre Guillou

La vie politique en France est régie par des règles issues pour la plupart de la Révolution française de 1789. À cette époque, le temps — propagation d'une information — et l'espace — éloignement géographique — étaient des paramètres conditionnant toute action politique. Les départements, par exemple, ont été créés par une loi[90] du 22 décembre 1789 pour permettre d'atteindre le chef-lieu en une journée de cheval...

Il est ainsi probable que si Twitter avait existé en 1789, la définition d'un département (son existence ?) aurait été différente. Il en aurait certainement été de même des habitudes de communication politique qui se sont construites essentiellement sur le fait de contrôler l'information : contrôle de ce qui est rendu public, de la personne émettrice de l'information, du lieu et de la date de publication.

Twitter, dans la continuité des services Web 2.0 depuis Wikipédia et avec un impact encore plus important que Facebook, impose en effet

90 - Loi du 22 décembre 1789 : http :// dgcl.interieur.gouv.fr/sections/les_collectivites_te/vie_democratique_loc/le_departement/

une nouvelle réalité : chaque citoyen est source d'informations, a le pouvoir de les partager en un clic avec le monde entier et peut publiquement commenter celles émises par les autres.

Avec Twitter, les politiques ont ainsi perdu le contrôle de l'information mais la plupart ne l'ont pas compris, ne savent pas comment réagir ou même en ont peur. Il suffit en effet de consulter les comptes Twitter des politiques qui ont décidé de franchir le pas — une minorité à ce jour en France[91] à la différence du monde anglo-saxon[92] — pour y constater l'omniprésence de la communication dite « verticale » : publication de l'agenda et de leur revue de presse, autopromotion, pas ou peu de dialogue, pas ou peu de réponse aux tweets non conciliants, réponses non individualisées, délégation de la publication de ses tweets à un collaborateur, croyance qu'être un politique suffit à être lu sur Twitter, etc.

Bien sûr il y a des exceptions[93], surtout parmi les jeunes politiques, et il faut rappeler que

---

91 - En septembre 2011, seulement 22 % des députés français avaient un compte Twitter selon l'étude d'*Elus 2.0* « Députés et Internet : profil du député 2.0 et palmarès » : http://www.elus20.fr/etudes/deputes-20-internet/

92 - Selon le site TechPresident, site de référence sur les usages du Web en politique en particulier aux États-Unis, plus de 80 % des députés et sénateurs américains ont un compte Twitter (86 % des républicains et 75 % des démocrates) : http://techpresident.com/blog-entry/new-survey-finds-republicans-tweet-more-often-whom

93 - [France] Quelques élus utilisant Twitter de manière interactive : Cécile Duflot (EELV, https ://twitter.com/cecile-duflot), Aurélie Filippetti (PS, https ://twitter.com/aurelifil), Lionel Tardy (UMP, https ://twitter.com/deputetardy)

le nombre[94] d'ouvertures de comptes Twitter d'hommes et de femmes politiques est croissant (quelques usages de Twitter par les politiques : live-tweeting, tweet-interview et interpellation des concurrents politiques). Mais il serait faux d'expliquer le retard numérique des politiques par une simple analyse générationnelle. Ce sont les mentalités, les règles de fonctionnement et les usages de communication qui doivent être changés, autant ceux des politiques que ceux de leurs collaborateurs d'ailleurs. Il est en effet surprenant de constater, par exemple, dans les écoles de sciences politiques le faible nombre d'enseignements consacrés aux impacts du Web 2.0 sur la démocratie et la vie politique.

Or, avec plus de 5 millions de comptes Twitter ouverts en France[95], les citoyens ont déjà commencé à s'approprier cet outil d'expression démocratique. Chaque citoyen peut aujourd'hui questionner publiquement un politique sans attendre la prochaine élection. Le temps démocratique est ramené à celui de l'instant et l'impact de cette circulation ininterrompue de l'information transforme la société dans toutes les activités quotidiennes (e-commerce, e-éducation, e-santé, etc.). Comment un politique pourrait se mettre à l'écart de cette révolution démocratique sans prendre le risque de ne plus comprendre une société qu'il a la charge de gérer à un niveau national ou local ?

---

94 - [France] Élus les plus suivis sur Twitter : http://www.elus20.fr/classement-politique-twitter-facebook/#twitter
95 - http://semiocast.com/publications/2012_01_31_5_2_millions_d_utilisateurs_de_twitter_en_france ? lg=fr

92

Twitter peut-il avoir un impact sur le résultat d'une élection ?

Manuel Diaz

Avant toute chose, il faut bien évaluer le poids de Twitter en France. Environ 5 millions d'utilisateurs, un nombre de comptes actifs non communiqués, plutôt masculins, aux revenus élevés, jeunes et parisiens pour un bon tiers. Twitter n'est pas représentatif de la société française. Il concentre une sphère politico-médiatique et souvent militante. Les gens qui s'y trouvent ont déjà une opinion ou un positionnement. Twitter ne déplace pas de voix et ne forge pas vraiment l'opinion. C'est le nouveau terrain de jeu entre politiques et journalistes, avec des militants au milieu. C'est ce qui a fait dire à certains que les politiques étaient heureux sur Twitter, car ils y avaient retrouvé une proximité avec les journalistes.

Le seul réseau populaire, c'est Facebook. Il adresse plus d'un quart de la population. Il ne participe pas du même type de relation. Sur Twitter, on se suit (follower), ce qui n'est pas du tout le même acte que d'aimer, de manifester un niveau d'adhésion même minime. En cela, Facebook est vraiment un espace pour le militant, sinon le sympathisant. Sur Twitter, on peut suivre sans adhérer. On est bien dans un environnement médiatique.

Dans le fond, je ne crois pas que Twitter fasse gagner des voix. Le vrai sujet avec le Web social n'est d'ailleurs pas vraiment d'en gagner, mais de rendre plus agissants les militants et sympathisants.

Avec le digital, on peut démultiplier les microactions, augmenter le champ de gestes de sympathie ou de militantisme, bien plus que dans leurs formes classiques.

La force de frappe que l'on peut donner aux gens est immense.

C'est en ça que Twitter peut impacter une élection !

93

Comment peut-on utiliser Twitter pour suivre la politique ?

Marie Walch

Twitter est un excellent moyen de suivre l'actualité politique. Les partis et mouvances politiques y sont de plus en plus présents, comme leurs représentants, et certains médias y diffusent les dernières infos, quasiment en temps réel.

Le choix du parti ou de ses représentants

Il vous est possible de suivre l'actualité d'un mouvement politique de deux façons principales :

- En vous abonnant au compte officiel du parti politique qui vous intéresse.
- Mais aussi aux comptes des politiques eux-mêmes ou de leurs conseillers, porte-parole, etc.

Les faits ou partis politiques dont tout le monde en parle

Twitter est un réseau sur lequel on échange. La politique y tient une bonne place dans les sujets de prédilections. Les tweeteurs débattant des faits politiques vont régulièrement faire suivre leur avis d'un mot-clé, par exemple, #Présidentielles2012. Il vous suffit alors de vous rapporter aux hashtags correspondants à l'événement politique souhaité.

Il est fréquent de voir les émissions télévisées commentées en direct par la twittosphère. Vous pourrez par exemple trouver : #dpda pour « des paroles et des actes », ou encore #pdc pour « parole de candidats »... Interviews radios, meetings, tous les événements politiques sont référencés sur Twitter.

La présence des médias sur Twitter

- Les médias traditionnels ont, depuis plusieurs années, leurs propres sites politiques avec un compte Twitter associé. C'est notamment le cas par exemple pour Le Lab[96] d'Europe 1.
- N'oublions pas les médias généralistes, comme *Le Monde*, qui relaient également tout ce qui concerne la politique.
- Suivre les comptes des journalistes, des correspondants, des envoyés spéciaux, etc., est aussi une excellente façon de rester informé sur le sujet.

Vous ne manquerez donc plus rien désormais.

96 - http :// twitter.com/Lelab_E1

Twitter et l’associatif

94

Comment les associations humanitaires utilisent-elles Twitter ?

Bastien Siebman

Twitter est une réelle opportunité pour les associations qui sont prêtes à entrer dans l'ère de la communication digitale. Ce site représente un des meilleurs moyens actuellement à disposition pour répandre une information rapidement, mobiliser les foules ou encore faire passer un message.

Communiquer

Twitter peut être le relais de la communication de l'association, rappelant les actualités qu'elle publie déjà sur son site Internet, tout en invitant au partage et à la réaction : une information pertinente, publiée au bon moment et en lien avec l'actualité, se répandra aisément, car l'actualité est devenue vivante avec Twitter et voyage de compte en compte.

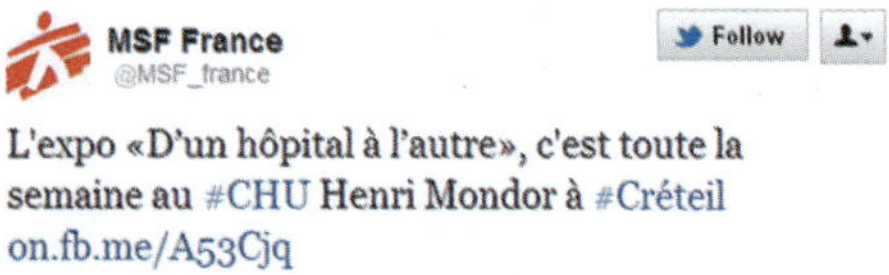

Recruter

Twitter est par ailleurs un excellent moyen pour l'association de mettre en place une véritable campagne de recrutement de bénévoles, soit en amont d'un événement, soit directement sur le terrain.

Secours populaire 75
@SecourspopParis
Follow

Nous recherchons des danseurs (idéalement créole) pour faire danser des enfants le dimanche 8 avril lors de la Chasses aux Oeufs

Collecter des fonds

Enfin, pour les associations qui innovent dans le domaine de la collecte de fonds, Twitter fait partie de ces nouveaux médias qu'il ne faut pas sous-estimer. Tout comme une actualité se répandra facilement sur le réseau, un donateur pourra publier sa satisfaction d'avoir donné sur Twitter. Il incombe alors à l'association de mettre en avant ses meilleurs donateurs et de les remercier publiquement. Une association peut également convenir d'un accord avec un mécène, qui fera un don pour chaque information retweetée.

Téléthon
@Telethon_France
Follow

Aurélie se bouge pour le #Téléthon ! Vous aussi, laissez votre témoignage sur notre #Mosaïque ! bit.ly/zH48vK pic.twitter.com/b94HTief

powered by Photobucket   Flag this media

Il ne faut pas voir Twitter comme un canal de communication à sens unique. Il faut mettre en place **un véritable dialogue entre l'association et ses fans**. Il est important de montrer que le flux de tweets n'est pas un simple relais passif d'information, mais qu'un véritable membre de l'association anime la communauté, remercie les fans, et les récompense.

Pour conclure, Twitter est un outil extrêmement puissant pour les associations, qu'elles cherchent à communiquer, collecter ou recruter. Il faut cependant prendre garde à ne pas tomber dans l'excès en appelant constamment au don. Un flux Twitter doit être un savant mélange d'informations, d'échanges, de demandes et de remerciements.

95

Comment la fondation Apprentis d'Auteuil utilise-t-elle Twitter ?

Martin Menu

Apprentis d'Auteuil[97] est une fondation catholique, reconnue d'utilité publique, qui accueille, éduque et forme plus de 13 000 garçons et filles en difficulté pour leur permettre de s'insérer dans la société en adultes libres et responsables.

Ces jeunes lui sont confiés par leurs familles ou par les services de l'Aide sociale à l'enfance. La fondation accompagne également les familles dans leur rôle éducatif. Apprentis d'Auteuil délivre 66 formations professionnelles dans 12 filières au sein de 200 établissements en France.

Pourquoi utiliser Twitter ?

La fondation a décidé d'utiliser Twitter pour plusieurs raisons :

- Pour relayer nos actions et nos prises de position.
- Pour proposer régulièrement une sélection de liens sur les questions qui nous concernent (jeunesse et éducation).
- Pour interpeller directement les journalistes et politiques qui y sont très présents. Par

97 - http://apprentis-auteuil.org/

exemple, nous avons ainsi relayé auprès de ces publics un test[98] destiné à sensibiliser aux risques de sortie du système scolaire sans diplôme.

• Pour couvrir des événements. Pour le lancement de notre « Plaidoyer pour la jeunesse en difficulté », en novembre 2011, nous avions convié à notre siège plusieurs tweeteurs sensibles à nos problématiques, dont Koz, très présent dans la twittosphère politique. Ce sont des relais d'opinion désormais incontournables.

L'utilisation de Twitter par Apprentis d'Auteuil

Présents dès 2009, nous sommes passés par une assez longue phase d'expérimentation de cet outil, avant de parvenir au cours des derniers mois à une utilisation plus stable, qui correspond à une volonté de dynamiser notre communication en ligne.

Apprentis d'Auteuil a ouvert un compte Twitter en août 2009 avec comme objectif de participer à la première édition française du Twestival, cet événement solidaire qui permettait aux associations de rencontrer leurs soutiens locaux et de récolter des fonds dans un cadre festif.

L'année suivante, le compte (ainsi qu'une page Facebook), animé en interne, a permis de participer au déploiement de la nouvelle identité de l'institution : la « Fondation d'Auteuil » devenant alors « Apprentis d'Auteuil ».

98 - http://test-ecole.apprentis-auteuil.org/

Quelques mois plus tard, avec la perspective de nouveaux temps forts de communication (et notamment la refonte du site Web), la gestion de la présence d'Apprentis d'Auteuil sur Internet est confiée à un prestataire. Le compte @Fond_Auteuil est abandonné au profit d'un nouveau compte @AAuteuil plus en lien avec la nouvelle identité. Une nouvelle page Facebook est également créée.

Cette nouvelle organisation a notamment permis d'accompagner :

- La publication du « Plaidoyer pour la jeunesse en difficulté » au mois de novembre 2011.
- Le lancement du nouveau site Web d'Apprentis d'Auteuil au mois de mars 2012.
- Les « Rencontres pour la jeunesse en difficulté » à Paris au mois de mars 2012.

Après six mois d'animation externalisée et un processus de transfert de compétences en cours, ces réseaux sociaux seront bientôt de nouveau animés en interne par Apprentis d'Auteuil.

Twitter
version insolite

96

Qu'est-ce que le #jeudiconfession ?

Julie Adore

Comme nous avons pu le voir dans les particularités de Twitter, l'utilisation du hashtag peut être détournée, afin de donner une touche d'ironie à ses tweets. Et c'est là l'essor de ce #jeudiconfession.

Il s'agit d'un événement hebdomadaire sur Twitter qui se passe le jeudi. Le but est de faire une confession, de partager ses pensées secrètes ou de dire quelque chose de nouveau sur soi en accompagnant le tweet avec le hashtag #jeudiconfession. Le #jeudiconfession a fait son apparition au mois de décembre 2009 : une personne de Montréal tweete sa réaction, suite à une publicité vue à la télé. Le concept prend forme assez vite et se répand avec succès dans la twittosphère francophone.

Les confessions sont aussi diverses que les personnes qui les tweetent. Cela va des habitudes cachées jusqu'à avouer qu'on n'a jamais fait de #jeudiconfession avant.

Ce mouvement pour certains est une possibilité de dévoiler les secrets et envies en toute légitimité (du type, « le jeudi, c'est permis »), pour les autres, un indicateur de la semaine (« ah, nous sommes déjà jeudi »).

Parfois pour accentuer l'importance de certains tweets, les gens mettent un hashtag #jeudiconfession à leurs pensées et ce, même si nous ne sommes pas un jeudi.

Le #jeudiconfession est une occasion d'apprendre un peu plus sur les personnes que nous suivons, d'engager des discussions plus personnelles. Il prouve que Twitter est un espace d'échanges entre des personnes réelles, et non seulement des robots (cf. question 42).

97

Qu'est-ce qu'un « mème » Twitter ?

Célina Barahona et Olivier Ravard

Pour faire simple, un « mème » est une attitude, une idée, une formule ou un comportement repris et décliné à l'infini. Il se transmet d'individu en individu par imitation.

Sur Internet en général, et sur Twitter en particulier, un mème peut se répandre à la vitesse de l'éclair, à la façon d'un virus, mais en plus rigolo. Pris dans sa globalité, un mème Twitter est une œuvre collective référentielle à l'échelle de Twitter. Précisons qu'un mème ne se décrète pas, il accède au statut de mème à force d'être répliqué.

Sur Twitter, un mème prendra la forme d'un hashtag, d'une formule ou de quelques mots. Il est généralement limité à une dizaine de caractères, afin d'autoriser les nombreuses déclinaisons.

À l'origine d'un mème - bien difficile à tracer -, on retrouve bien souvent le rebond sur l'actualité, le détournement d'une formulation devenue culte, une certaine forme de caricature, ou toute autre micro co-création issue d'une vision partagée par les membres d'une communauté. C'est souvent drôle et toujours universel. Un comportement qui ne peut pas être compris et décliné par tous ne peut pas devenir un mème.

En apparence, le mème Twitter ne sert à peu près à rien, sinon à faire sourire le lecteur. Dans les faits, comme toutes les coutumes, il participe probablement à la création de lien social par simple mimétisme.

Plus français, le désopilant #BernardFact est une déclinaison du même anglo-saxon et désormais planétaire #ChuckNorrisFact. Il s'inspire du personnage de baroudeur de Bernard de La Villardière, dont il fait le héros bien involontaire d'affirmations surréalistes, censées vanter sa prétendue toute-puissance.

Dans un autre registre, « Ce moment gênant... » traduction du même anglo-saxon « *That awkward moment when...* » constitue la formule d'usage pour évoquer un « grand moment de solitude » ou assimilé. « Ce moment gênant... » est un même particulièrement universel, puisqu'il est employé par à peu près tous les types d'utilisateurs, quel que soit leur âge, au premier comme au second degré.

Les mèmes les plus incendiaires accèdent en quelques heures au statut de trending topic, ce qui en dit long sur le potentiel viral de Twitter, comme sur sa capacité à générer de la pop culture instantanée.

98

Huit comptes Twitter originaux à découvrir

Sur Twitter, il y en a pour tous les goûts !

On trouve des profils extrêmement variés, des plus futiles (les oiseaux qui tweetent) aux plus étonnants (un boulanger a mis en place un système lui permettant de notifier à ses clients qu'une nouvelle fournée de pains au chocolat vient de sortir du four), en passant par les comptes professionnels, ceux de marques, ceux de personnages imaginaires (comme ceux du Père Noël ou du célèbre Dark Vador) et bien d'autres.

Il a été difficile de faire un choix, mais voici ceux qui nous ont marqués par leur originalité :

- @RealTimeWWII : on ne peut pas refaire l'Histoire, par contre, on peut la raconter autrement et la faire partager ! C'est le cas avec ce compte dédié à la Seconde Guerre mondiale ! Suivez toutes les étapes, quasi quotidiennement ! (Et dans la même famille, vous avez @TitanicRealTime)

- @Cookbook : voici une initiative originale qui consiste à créer un livre de cuisine uniquement composé de tweets. Si, si, c'est possible. Mais il vous faudra faire des efforts et faire preuve de courage car le glossaire permettant de décrypter les recettes est impressionnant.

• @Beotien : il s'agit d'un robot Twitter qui corrige les fautes très répandues. Ne vous vexez donc pas quand, ayant analysé votre tweet, il détecte une erreur et vous envoie une réponse pour vous dire comment il fallait écrire tel ou tel mot !

• @Sockamillion : c'est le chat le plus populaire de Twitter ! Et c'est celui de Jason Scott. Son maître lui a créé un compte et depuis il s'y exprime librement. Vous saurez tout de sa vie ou presque. Il compte presque 1,5 million de followers ! Attention, il ne suit que les autres comptes d'animaux. Sectaire ?

• @Coucou_Suisse : ce compte ne sert à rien mais qu'est-ce qu'il est amusant ! C'est simplement une horloge suisse qui fait coucou toutes les heures !

• @smartarg : pas facile de montrer l'animation proposée par ce compte Twitter de Smart Argentine. Mais rendez-vous sur le site et laissez votre doigt sur J.

• @aucun_lien : des bons mots — souvent décalés et impertinents — et surtout, sans aucun lien (c'est-à-dire URL) dedans.

• @1J1C : Un Jour, Une Citation. Des citations positives et motivantes, chaque jour.

99

Ils sauvent leur mariage grâce à Twitter

Gregori Pujol[99]

Suite à la faillite de l'organisateur de leur mariage, six semaines seulement avant le jour J, Lauren Lane et Daniel Welch, un couple qui réside à Somerset au Royaume-Uni, ont lancé un appel à l'aide sur Twitter.

Ce dernier a visiblement été entendu puisque retweeté par quelques célébrités (Danni Minogue, par exemple), ce sont alors des dizaines d'utilisateurs du réseau social qui se sont mobilisés pour eux, leur offrant services (magicien, maquilleuse, photographe), cadeaux (pièce montée, bijoux, vêtements) ou tout simplement de l'argent pour l'événement. Au final, ils ont récolté pas moins de 10 000 dollars (environ 8 000 euros) pour réaliser leur rêve, le 25 février dernier !

« Nous avons eu beaucoup d'aide de la part de beaucoup de gens aimables qui ont fait de ce jour, une journée vraiment spéciale », confie Lauren qui avait créé un site Internet[100] consacré à son mariage si spécial. « C'était un mariage de rêve pour nous deux. »

---

99 - http :// journaldugeek.com/2012/04/10/ils-sauvent-leur-mariage-grace-a-twitter/
100 - http :// danandlauren.co.uk/

Lauren & Daniel
The Wedding | About Us | Where to Stay | Contact Us
Saturday 25th February 2012 at Rookery Manor 1pm
The Wedding of Lauren & Daniel
The offical website of Lauren Elizabeth Kate Lane and Daniel Paul Welch. We're tying the knot on Saturday 25th February 2012. The ceremony is taking place at Rookery Manor, Edingworth, Weston-super-Mare, BS24 0JB at 1pm. Join us afterwards for the evening reception at 7.30pm, we cannot wait to celebrate with you all!
Here you'll find everything you need from directions, to ideas of where to stay. Any questions, drop us a line.

100

Un homme kidnappé, sauvé par Twitter

Christelle Doméjean

Finalement, publier sa vie sur les réseaux sociaux peut avoir du bon, car, au début d'avril 2012, **un homme a été sauvé grâce à Twitter...** Tout commence à Johannesburg, ville et métropole d'Afrique du Sud, un homme circulait tranquillement à bord de sa voiture lorsque deux hommes munis d'une arme ont pris possession de son véhicule et l'ont enfermé dans le coffre. Heureusement, les kidnappeurs n'ont pas pensé à lui retirer son téléphone portable, ce qui a permis à la victime d'envoyer un SMS d'alerte à sa copine, pour qu'elle prévienne les autorités. Mais en plus des autorités, sa petite amie eut également l'idée de passer par Twitter afin que ses amis retweetent l'information, ce qui fut en premier lieu un échec...

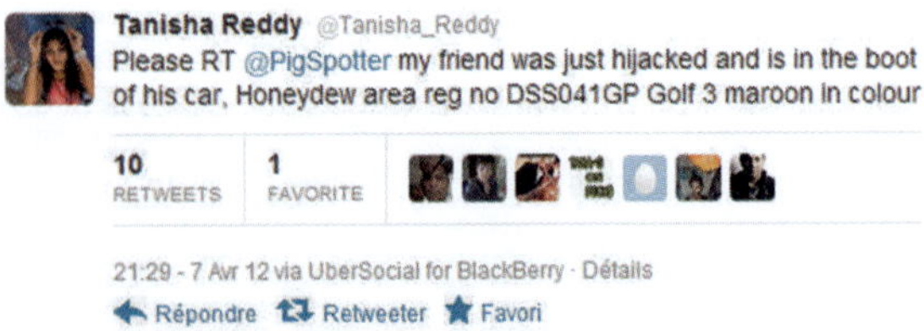

Elle décide donc de notifier @PigSpotter, en général utilisé par les internautes pour informer la communauté des contrôles routiers de la police ou des radars, et leur demande de RT que son petit ami a été kidnappé et qu'il est dans le coffre, en ajoutant le numéro de la plaque d'immatriculation, le modèle et la couleur de la voiture. Une chance pour elle, le service transfère le message et comme il dispose de milliers de followers, ce fut un succès. De nombreuses firmes de sécurité se sont mobilisées pour aider la jeune femme et de fil en aiguille, ont fini par retrouver l'emplacement du véhicule, grâce au positionnement du téléphone de la victime. Quelques heures plus tard, les kidnappeurs se sont fait attraper dans un barrage de police et l'homme a été sauvé et a pu récupérer son véhicule… Une histoire qui finit bien !

101

Comment trouver son âme sœur sur Twitter ?

Mélanie Mâge

Comme la plupart des réseaux sociaux, sur Twitter, il y a des hommes et des femmes venant d'horizons différents avec souvent de l'esprit, des points communs, voire des connaissances communes. Mieux qu'un site de rencontre, la plupart ne viennent pas dans l'objectif de rencontrer l'âme sœur, cela laisse donc plus de spontanéité pour parfois rencontrer l'amour. Parmi tous les retweets et les #FollowFriday, il se peut qu'un jour votre timeline croise celle de la femme ou celle de l'homme de votre vie.

Et pour optimiser un maximum ce moment, voici quelques conseils :

Le choix du pseudo

Le pseudo est très important ! Autant que pour un site de rencontre. Il est certain que @sousmacouette sera beaucoup plus attirant que @ tatidanielle58.

Un bel avatar sexy

Plusieurs ont déjà fait le test selon la photo choisie (une belle paire de jambes, un décolleté, une culotte à petits pois, etc.) et le nombre de followers peut vite grimper. Après, il reste à chacun de savoir quel genre de followers on est venu chercher.

Rédaction de votre bio

Soyez original en quelques signes tout en résumant ce que vous allez tweeter si vous n'avez pas de blog, par exemple ; cela demande un peu de temps et d'esprit. N'hésitez pas à demander des avis autour de vous.

Les jeux de mots et d'esprit

Justement en parlant d'esprit, c'est là que Twitter peut se distinguer d'un site de rencontre classique. La seule façon de se distinguer, de communiquer et de draguer, c'est à travers ses propres tweets. Savoir plaire en 140 caractères !

Faites-vous remarquer

Votre profil est prêt, vous avez commencé à tweeter mais vous avez seulement 3 followers dont celui qu'on obtient par défaut à l'inscription. Maintenant il faut vous faire voir. Une des possibilités est de rejoindre les conversations liées à la diffusion d'émissions TV (cf. question 60), à des événements comme des meetings politiques, des concerts, etc. Vous êtes fans de « L'Amour est dans le pré » ? Suivez le hashtag #adp, retrouvez d'autres passionnés de l'émission et échangez avec eux.

Suivez des comptes qui vous intéressent

Regardez qui tweete sur les mêmes sujets que vous en utilisant le moteur de recherche de Twitter, suivez-les, retweetez leurs messages selon leur intérêt, etc. Cela vous permettra de rebondir sur des thématiques qui vous plaisent, de créer des liens… peut-être passerez-vous très vite à un échange privé via les messages privés.

Enfin, faites de vraies rencontres grâce aux apéros Twitter

L'avantage d'habiter dans des grandes villes comme Paris, c'est que chaque mois un apéritweet est organisé afin de rencontrer ses followers/following ou d'éventuels nouveaux followers. Mieux qu'un speed dating ou une soirée de célibataires, ici on ne vient pas pour draguer mais qui sait... D'autres villes comme Lyon et Clermont organisent des apéritweets. Google devrait vous aider pour les trouver.

Ouvrez bien les yeux, l'amour est partout, même parfois derrière un @.

Le mot de la fin...

Il n'est jamais simple de conclure un ouvrage comme celui-ci, car à l'image de Twitter et de sa richesse, nous pouvons encore trouver des dizaines de questions à répondre.

Cette diversité, cette instantanéité amusent dans un premier temps — tout en effrayant, certes — et finissent par se transformer en une source incroyable d'informations, de partages et d'échanges.

C'est ce que nous avons voulu transmettre à travers cet ouvrage.

Grâce à tous les contributeurs aux profils divers et variés : des personnes, des entreprises, des écoles, des associations, etc., que nous remercions pour leur temps et leur œil avisé sur le sujet, nous souhaitons que cet ouvrage devienne une rampe de lancement vers une présence twitterienne construite et forte.

À vous de découvrir de nouveaux usages, de nouvelles idées, de nouveaux outils et d'expérimenter le tout.

Nous citerons, pour conclure, Nicolas Bordas :

« Au-delà d'être un réseau d'information instantané et un thermomètre immédiat des opinions, Twitter est aussi chaque jour une mine d'idées inspirantes ; car, un grand nombre d'idées nouvelles y circulent en permanence : idées concrètes de produits, de services, ou idées plus abstraites de communication ou d'opinions non-conformistes. »

Notre seul mot d'ordre, à partir de maintenant, sera : n'ayez pas peur et plongez dans le grand bain qu'est Twitter.

À très vite, en 140 caractères !

Biographies des contributeurs

Alex. Delivet

@alexd FOLLOWS YOU

CEO @tripxp - Co-Organizer @aperopreneurs - Paris Editor @startupdigest - Blog : alexdelivet.com

Paris · http://www.tripxp.com

Alexandre Pachulski

@apachulski FOLLOWS YOU

Directeur Général Produits @TalentSoft1 // Bloggeur RH sur Les Talents d'Alex // Auteur de La gestion des talents dans l'entreprise

48.883707,2.209762 · http://www.lestalentsdalex.com

Anthony Poncier

@aponcier FOLLOWS YOU

Consulting director in social collaboration strategy : management 2.0, enterprise 2.0, social media strategy, SCRM... at LECKO (formerly USEO)

Paris · http://poncier.org/blog

Antoine Lagadec

@antoine_lagadec

Rédac'chef MinuteBuzz // web addict // veille // mes tweets n'engagent à rien.

Paris ·

Audrey Fleury

@Aflery FOLLOWS YOU

Social media marketing & online reputation management with a flavor of human interactions, TvShows & games :) #ereputation #tools views are my own

Paris / Lyon · http://brandereputation.fr/

Bastien Siebman

@siebmanb FOLLOWS YOU

Jeune entrepreneur / Web / Mobile / Innovation / Papa à 33% de ButterflyEffect, solutions mobiles d'aide à la collecte de dons des associations

Grenoble - Genève · http://www.siebmanb.com

Benoit Gaillat

@Benoit_Gaillat

*Expert E-commerce, Blogueur, **http://www.info-ecommerce.fr**, E-commerçant **@LePalaisdesThes** . Fan d' **@impression3D***

Paris · http://www.info-ecommerce.fr

Camille Jourdain

@camj59 FOLLOWS YOU

Social Media Manager @up2social @SoShake @locita. Bloggeur, intervenant école/université, passionné par les médias sociaux...

Lille · http://www.camillejourdain.fr

Celina Barahona

@Cel_ina FOLLOWS YOU

Co-fondatrice & CEO de @socultstudio #storytelling/ #poesie & #LOL sur @aucun_lien/ Co-fondatrice & VP éditoriale de @GirlzInWeb/ Musique http://bit.ly/ACZxN4

Paris · http://www.socultstudio.com/

TheCélinette

@thecelinette FOLLOWS YOU

Jeune femme... Formatrice, bloggueuse, community manager. Complice, curieuse, à l'esprit rieur :) http://celinecamoun.fr/

Troyes - Paris · http://www.thecelinette.net/

Céline Lappas

@CelineLap FOLLOWS YOU

HR, Recruitment, employer branding, community management, HR 2.0 @Danone // DanoneResearch Views expressed here are my own

Paris ·

cedric giorgi

@cgiorgi FOLLOWS YOU

Stealth Mode Entrepreneur (Food + Tech). Also part of @Leweb team. Previously involved in: @Seesmic, @Scoopit & @TCFR I'm a French Traveler, Geek & Foodie

Paris, France & Toulouse, · http://www.cedricgiorgi.com

Célia

@Celia_Les_Echos FOLLOWS YOU

Chief Community Manager facebook.com/LesEchos twitter.com/LesEchos

Paris · http://www.lesechos.fr

Charlotte Consorti

@charlottespeed

Pro kiteboarder, outright world speed sailing recordwoman Mange des accrochée à mon kite connecté au wifi ♥ voyages, sports, photo, sea , mac, sériesUS

France - Montpellier · http://charlotteconsorti.fr

Miss K.

@elikxir FOLLOWS YOU

Qui vit sans folie n'est pas si sage qu'il le croit. Mam'zelle Bulle. [Marketing/Comm/SoMe/Sport]. Inventatrice de hashtags farfelus. Minute #InfoInutile.

Nulle Part Ailleurs... · http://aliaz.com/elikxir

Christelle ARQUIE

@MarketingMiss FOLLOWS YOU

Resp. Marketing et CM @TalentSoft1 - About #Web, #Design, #Photo & #Travels. Ces tweets reflètent uniquement mon opinion personnelle.

Paris, Ile-de-France, France · http://www.lapattedupanda.wordpress.com

Christophe Ramel

@Kriisiis FOLLOWS YOU

Social Media Manager @Acti, blogueur (Kriisiis.fr, entre autres), et surtout, passionné par le Web 2.0, l'actualité High-Tech et les médias sociaux.

Lyon, France · http://www.kriisiis.fr

Chrystelle D.

@Melhancoly

Rédactrice @ Journal du Geek. Passionnée Internet, photographie et plus encore ;)

La ciotat · http://www.melancoly.com

damien douani

@damiendouani FOLLOWS YOU

New media lover / Digital curator / Serial blogger / #InnoNapo #IgniteParis co-organizer/ Innovation maven / Creativity addict / Alpha Geek / FaDa social agency

· http://www.damiendouani.com

emmanuelvivier

@emmanuelvivier FOLLOWS YOU

Advertising, Buzz, viral & Social media Marketing International Expert & Speaker. Previously CoFounder and Chief Strategy Officer of Vanksen & BuzzParadise.

Paris, France · http://www.emmanuelvivier.com

eric delcroix

@erdelcroix FOLLOWS YOU

vieux débutant ;-) spécialiste du web 2 et des réseaux sociaux : facebook, twitter..., identité numérique, en e-éducation, community management, curator...

Lille · http://leszed.ed-productions.com

Eric Maillard

@PRland FOLLOWS YOU

Aucun propos n'est tenu ici.

Paris · http://www.prland.net

Erwan Le Nagard

@erwan_lenagard

Passionné de musique et spécialiste du marketing des médias sociaux.

Paris · http://www.erwanlenagard.com

Fanny Berrebi

@Fanny FOLLOWS YOU

Coucher pour réussir c'est toujours un bon moyen de coucher. | Sinon je suis aussi co-fondatrice de @FaDa social agency & VP Rayonnement de @GirlzInWeb

Paris · http://www.coucher-pour-reussir.com

Flavien Chantrel

@moderateur FOLLOWS YOU

Community manager @ http://www.regionsjob.com/

Rennes · http://www.blogdumoderateur.com

[Naro]

@naro FOLLOWS YOU

Digital Marketing & PR2.0 professional in Paris - I enjoy new media. I tweet about Advertising, Tech, Photo and Chocolate. Follow me & let's have fun

Paris · http://narominded.com

Gonzague Dambricourt

@gonzague FOLLOWS YOU

digital naïve ✈

Paris, France · http://gonzague.me/

Gregori Pujol

@GregPujol

Rédacteur en Chef JDG Network (Journal du Geek, Journal du Gamer, Journal du Mac, Journal Graphic). Geek un jour, Geek toujours :)

Paris, France · http://www.journaldugeek.com

gregory pouy

@gregfromparis FOLLOWS YOU

Helping beautiful brands to better understand and integrate digital but also blogger or simply a guy having fun and sharing

ÜT: 48.888338,2.352855 · http://gregfromparis.fr

Guillaume COUDERT

@MarqueEmployeur FOLLOWS YOU

Animateur d'un blog sur la Marque Employeur et chroniqueur sur les sujets RH et Web 2.0 // Directeur Commercial & Business Development chez Studyka

France · http://marque-employeur.blogspot.com/

Hedia

@Hedia FOLLOWS YOU

Digital Enthusiastic I tweet like I speak TV Host @WebSpotting Blogger @Skeuds @PureCharts @NuageDesFilles @GirlzInWeb I'm @KarimaCharni's Ari Gold.

Paris · http://hedia.tumblr.com/

Herve Kabla

@HerveKabla FOLLOWS YOU

DG de @blogAngels. Blogueur, polytechnicien, et runner. Avec @ygourven, cofondateur de @MediaAces et coauteur de http://amonboss.com

Paris, France · http://www.hervekabla.com

Jacques Froissant

@Altaide_JF FOLLOWS YOU

Recrutement et RH 2.0 ! Start-up, logiciels, eCommerce, Mobile, Agency, Web 2.0, Marketing Digital. Fondateur ALTAIDE, Cabinet de Recrutement et Formation 2.0

Paris FRANCE · http://www.altaide.com

Jeremy Benmoussa

@JeremyBenmoussa FOLLOWS YOU

Passionné par le web ... et par tout le reste ! Fondateur d' @Up2social, @uniKover, @agence20, @Qanopia et de @Locita.

Paris, France · http://lk.to/nKdxHU

Jérôme Deiss

@e_influenceur FOLLOWS YOU

Social Media and E-reputation Management, WatchMan, Twitter Addict #Veille #Reseauxsociaux, #Ereputation #mediassociaux #Twitter #TvCo

Paris · http://www.e-reputationdelaveille.info

Julie ♥ Adore

@julie_adore

Créative,positive,motivée,sociable,adorable,gourmande, crocheteuse, Russe, RT par @aplusk,CM de @siandso.

Paris · http://www.julieadore.com

Julie Bessonie

@juliebe_sunny FOLLOWS YOU

#CM, auteure passionnée de #julinades , actu, musique médias sociaux, incongruités, quand j'aime, je partage en mode be_sunny.

Toulouse · http://be-julie-be-sunny.tumblr.com/

Dix-Katre

@dixkatre FOLLOWS YOU

Dix-Katre aide ses clients (entreprises et institutions) à utiliser les médias sociaux... Et on avoue une prédilection pour les blogs professionnels ☺

Dijon, FRANCE · http://www.dix-katre.com

Laure Bertil

@lerufin FOLLOWS YOU

Business Developer de métier et rédactrice occasionnelle, mes choix professionnels et personnels sont dictés par le plaisir et l'originalité des projets.

Paris ·

Manuel Diaz

@manueldiaz FOLLOWS YOU

President @EmakinaFR , serial digital entrepreneur since 1997, digital thoughts only engaging myself and none of my clients or partners

Paris · http://www.emakina.fr

Marie-Laure VIE

@marilor FOLLOWS YOU

Stratégie digitale et médias sociaux. Formation. Mobile. RP 2.0. Curation. Opendata. Transmedia. Events. CM de @ccimtp_actu Mes tweets n'engagent que moi.

Montpellier, France · http://about.me/marilor

marie walch

@mariewalch FOLLOWS YOU

Leader influente du monde des Médias. Journalisme, Médias, Politique, Investigation, Geek...Surnommée la reine des Médias, page FAN de Marie Walch

paris · http://www.facebook.com/pages/FAN-de-Marie-Walch/115126591884317

Canden_mp

@Canden_fr FOLLOWS YOU

Le Projet Humain d'Entreprise, mieux le définir et le faire vivre !

France · http://www.canden.fr

Martin Menu

@MMartin

Chargé de #communication chez Apprentis d'@AAuteuil, #fondation #catholique reconnue d'utilité publique qui accueille chaque année 13 000 #jeunes en difficulté.

Montreuil, France · http://www.mmartin.fr/

Bridget

@Les_Bridgets FOLLOWS YOU

Des références sur les relations homme/femme mais pas que... Blog perso: http://www.lemomentm.com

France · http://www.lesbridgets.com

Myriam Laouffir

@Laouffir FOLLOWS YOU

Communication online & Social Media Marketing Manager France Televisions Ex Ambassade du Maroc, ex AIDES, ex France 2 #media #tv Présidente www.justepoureux.com

Paris · http://www.justepoureux.com

nicolas bordas

@nicolasbordas FOLLOWS YOU

Président de TBWA\France. Enseignant à SciencesPo (Cours sur La Marque). Auteur de L'idée qui tue. Blog en Anglais : www.nicholasbordas.com

Paris · http://www.nicolasbordas.fr

Olivier Ravard

@Mrolivier FOLLOWS YOU

Chef des Idées @socultstudio / Ecriveur chez @playlistsociety / Je connais personnellement des gens. www.olivierravard.me

Paris · http://www.socultstudio.com

Olivier

@olivierspaeth

Mes sujets de converstion sont variés : sport, médias sociaux, ma Lorraine natale, Paris ma ville d'adoption, etc.

#Metz · http://www.socialsport.fr

HILLAIRE patrice

@hillairepatrice FOLLOWS YOU

Community manager de La Poste, je m'exprime ici à titre perso #CM #Community #Manager #RH20 #RSE

Paris, Angers · http://www.hillaire.org

Pedro Taveira

@pedro_taveira FOLLOWS YOU

Strategie Web / Social Media Management // Digital Manager chez NRJ & Nostalgie Belgique // Mes tweets n'engagent que moi

Bruxelles · http://www.pedrotaveira.be

Mascottus | Philippe

@pcouzon FOLLOWS YOU

A la recherche du Wow effect. #digidustteam

· http://about.me/pcouzon

Pierre Guillou

@pierre_guillou

Dirigeant Ideose (Web 2.0, Web politique...) + Elus20.fr (les élus et la Web politique) + WebCampagne.tumblr.com + WebOff.fr #compol #politique #elus20

Paris (France) · http://www.ideose.com

Pierre Tran

@PierreTran FOLLOWS YOU

Journaliste #tech #dev #hack #socialmedia #mobile #web3 #journalism #curation #design #music #guitar #wltw intervenant #celsa

Paris, France · http://about.me/pierretran

Poupimali

@Poupimali FOLLOWS YOU

Consultante en com digitale et Community Manager le jour. Passionnée d'Ovalie et rédactrice du blog Yahoo!Sport Rugby le weekend. Le reste du temps ? Je râle :)

Paris - Bergerac · http://aliaz.com/poupi-mali

Réjane Locatelli

@RejaneLocatelli FOLLOWS YOU

Je ne suis pas qu'une sociopathe de la communication, je suis aussi Directrice Conseil @Twinin_Agency. #Art #Médias #Photos #RH (et plein d'autres #...)

Paris · http://aliaz.com/rejanelocatelli

Sophie Gironi

@SophieGironi FOLLOWS YOU

Bleekin, blonde outside, geek inside. Consultante Strat/Mktg Web, prof e-mktg, co-orga Nice Drink, Barcamp, OCC Nice et SWNSA (rivieracube.org), membre AFPMS.fr

Nice, FR · http://me.bleek.in

Thibaud MICHEL

@thibaudmichel

[CEO de @Twinin_Agency] Ne vous fiez pas aux derniers tweets, scrollez, les meilleurs sont plus bas. Social Media // Marketing // Communication // LOL

Marseillais @Paris · http://www.twinin.fr

Thomas ARBIB

@tarbib FOLLOWS YOU

Community Manager @EMStrasbourg. Social media & self-improvement. http://about.me/thomasarbib Available January 2012.

Strasbourg Lyon Croix-Rousse · http://www.thomas-arbib.com/

Valérie March

@valmarch FOLLOWS YOU

Formation / conseil en médias sociaux #Btob (ciblant les entrepreneurs). Auteur : Comment développer votre activité avec les médias sociaux - Ed. Dunod

· http://valmarch.wordpress.com/

VSLingerie.FR

@vslingerie

Spécialiste lingerie et Maillots de bains bonnets profonds

Bordeaux, FR · http://www.vslingerie.fr

Willy BRAUN

@WillyBraun FOLLOWS YOU

Working @ EBG : the biggest professional community in new technologies. Blogs: Brocooli.com (contenu rédigé), Petit Brocooli http://bit.ly/yZdYR1 (contenu brut)

Paris · http://www.brocooli.com/

Index

Outils

Mots et expressions